Make America Divided Again

MY PRESIDENCY HAS
BEEN A BUST!

Written by **William W. Ward, Ph.D.**
Illustrated by Lori Baratta

CCB Publishing
British Columbia, Canada

Make America Divided Again

Copyright ©2020 by William W. Ward
ISBN-13 978-1-77143-458-4
First Edition

Library and Archives Canada Cataloguing in Publication
Title: Make America divided again / written by William W. Ward, Ph.D. ;
illustrated by Lori Baratta.
Names: Ward, William W. (William Warren), 1942-2020, author.
| Baratta, Lori, illustrator.
Description: First edition.
Identifiers: Canadiana (print) 20200406965 | Canadiana (ebook) 20200407066
| ISBN 9781771434584 (softcover) | ISBN 9781771434591 (PDF)
Subjects: LCSH: Trump, Donald, 1946- —Humor.
| LCSH: United States—Politics and government—2017- — Humor.
| LCSH: Presidents—United States—Humor.
Classification: LCC E913.3 .W37 2020 | DDC 973.933092—dc23

Illustrator: Lori Baratta
Website: www.DesignsByLorise.com - Calligraphy and Art

Publisher: CCB Publishing
British Columbia, Canada
www.ccbpublishing.com

To my son, Randy, who makes me proud.

1

THE EYES HAVE IT!

Lazy	Ambitious
Dependent	Independent
Murderers	Pacifists
Rapists	Faithful to God
Buddhists	Christians
Look foreign	Look like Americans, like us
Short in stature	Tall and dignified
Yellow skin	Pearly white skin

There is a saying that goes something like this: "Give me your tired and poor and people yearning to be free." This short statement says everything about the situation on the southern border. It shows why we need the WALL. In other words, if we don't build the WALL, nobody will be free.

Some of my political enemies say that I should finance the WALL by myself. I certainly could do that. I have more than enough money - I am that rich. I got all this money from all my outstanding investments in overseas real estate and undisclosed business deals. After all, I wrote the world-acclaimed *Art of the Deal*. You know, my book has been on the best-sellers list since 1994. I did so much research for this book, that I know more about building, buying, bargaining, and blustering than anybody else in the United States. So if Congress will not appropriate the money, I just think that I will go ahead and do it myself. That will teach them!

Some people have accused me of working with Russea. What nonsense - fake news! I have never been to Russea and I am not even sure how to spell Russea. I think this is the right speling.

Yes it is! So let's stop talking about Russea and start talking about how they can help us build a WALL.

Last Monday, I had a terrific conversation with President Putin. It was a great conversation - a terrific conversation. We accomplished so much - so, so much. Mr. Putin is such a strong leader. I feel honored to be invited to talk with him. But, according to a "fake newsman" on MSNBC, I may have made a tiny mistake in my sign-off just a tiny mistake. Just one letter - just one letter T, only one letter. I'm not sure I even left out that T. In fact, I am quite sure I didn't.

But, just to clarify things, I will go over this once again. My name is Trump, not Rump. There should be a T. A big beautiful T right at the beginnning of the word. Trump, OK.

I am sure that Mr. Putin will realize that I meant Trump instead of Rump. Anybody can leave out a consonant like this. Consonants are not nearly as important as vowels. No harm done.

I've accomplished more in my first three years in office than any other president in the history of the country – even more than George Washington.

Oh! That's where D.C. got its name. I should have guessed.

My plan is to purge the White House of all cabinet members, advisors, aides, secretaries, etc. I thought they were going to be great, but they are not working out - not one of them. They cheat on their wives, they run up huge bills for unauthorized flights on military jet planes, to wherever - probably expensive resorts or golf clubs in Australia or Japan or somewhere like that. They bleed their huge budgets dry. They don't listen to what I tell them to do and they are always lying - lying, lying, lying. I just can't take it anymore. I can't stand the lies. They are all creating chaos. (Don't you see the chaos everywhere?) Everybody tells me that the White House is in trouble, you know, chaotic, toxic, dysfunctional, directionless, arrogant, dishonest, unfaithful, and bull headed. That's why they all have to go, every last one. They are responsible for all this extreme unrest. I remain the only calm, steady, and smart person left governing the country. I am a really smart person - you know how smart I am. I am a multi-billionaire. Don tells me I am well into the trillions. You have to be really smart to get that rich, and you have to kiss the ass of Putin to get all that money. And I am a great negotiator, great negotiator, just great. And I am respected and loved all over the world. Look how nice all the other presidents and world leaders are to me, all the nice things they are saying about me, such nice things.

When I make a decision, I do everything by myself. I don't need a staff. I am so smart and so energetic that I can run the government by myself - and play golf every weekend and all week if it does not rain. That is what the Republicans in Congress want. They want someone to do all the work they would normally be forced to do - lots of time for golfing.

So all these chaotic underperformers are leaving the building as soon as I can get the military to remove them - or maybe I will just fire them on Twitter. Yeah, that is the best way - just tweet them away. Tweet, tweet, tweet, goodbye.

Well, I've been in the White House for 4 years. Rarely have I made any mistakes. Don't you agree? But, hiring the very best people just isn't working out as well as I thought it would. It seemed like such a great idea - a great idea! But, now, with all of them gone, I have to run the whole country by myself. Well, Don and Jared help out a bit, but they need my constant advice. Working alone, I can make all the decisions. After all, I have been making excellent decisions all my life. And, I love bossing people around. That's my greatest strength - thinking deep thoughts, making excellent decisions, and bossing people around.

When I took my physical during the run-up to the election - a great election, wasn't it, a fabulous election - tell me, who's had a more fabulous election than I have? You know, I got an A-rating for my excellent health. Top-notch physician. One of the best. My heart is perfect, really perfect. Nobody has such a healthy heart. He told me that mine is the strongest heart he has ever seen. So, I am in perfect health, very excellent health. And, that electrocardiogram, have you ever seen such a perfect EKG? Right away, I loved the look of that EKG. Well, I like the appearance of that electrocardiogram so much that I have adopted it as my new personal signature. Don't you think such a special president like me should have a very special, super-unique signature? Well, now I have one. Everyone tells me how clever it was to use my own top-notch EKG as my new PRESIDENTIAL signature.

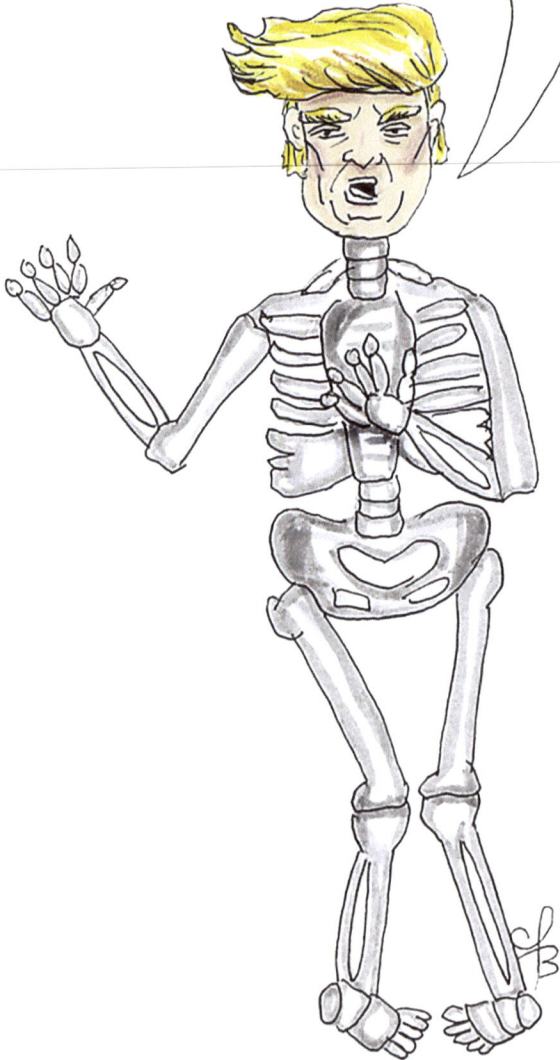

When I was running for President, I promised to "drain the swamp." I repeated this many times. But, when I arrived in Washington, I found that there is no swamp to drain. The whole city is dry. So, to keep my promise, I have decided to build a big, beautiful swamp that I can then drain. This is one of the best ideas I have had for a long time. Don't you think so?

I have been falsely accused of under-estimating the damage that Hurricane Maria caused in Puerto Rico. FEMA says that it was a catastrophic event. This is ridiculous. Maria damaged only a few buildings and a dozen trees or so. I know because I rushed to the scene right away - within just 8 days. And I got to see everything, in person. My own, very careful, scientific calculation of the total damage, tells me that the clean-up will be quick and easy. Though I rushed to the scene immediately, I did not have to stay around very long. I was there right away, I carefully assessed the damage, and I went back to my very busy work in the White House (rather, on the stump).

So I know exactly what happened. I even know what causes a hurricane - the Democrats cause hurricanes by using all their own hot air. You know, they huff and they puff and they blow the houses down. I know exactly what happened and why.

I was welcomed so kindly by the Puerto Ricans - almost as if they were American citizens. I was very well received. Everyone was so happy to see me. Do you remember that news clip where I was personally helping out with the aftermath of the hurricane? I helped out athletically (I am an athlete you know). I pretended that the towel rolls were footballs and I was the quarterback. So, I just tossed the rolls of paper towels into the crowd in San Juan. The towels were NOT just for fun. I assessed the damage this way. I was carefully watching their reactions to determine whether they were traumatized by the hurricane. They weren't. They did just great. All a bunch of excellent pass receivers. Not one paper towel roll was dropped onto the floor. Not one!!!

After my next vacation, I will pay a visit to Florida - to provide a little uplift for the hurricane victims. The folks in Puerto Rico just loved my paper towel football passes. And, they were amazed to see my athletic skills. So, next chance I get, I will visit Florida with hundreds of paper towels. By the way, what was the name of the Florida hurricane? Was it Donna?

I want to help the hurricane victims in Florida, just like I did in Puerto Rico. The Puerto Ricans were so appreciative. So, I invited a bunch of their leaders to visit the United States. I wanted to show them how we do things, here in America.

But, the timing for a visit to Florida is not good right now. I have another huge rally in Mississippi - a really huge rally. Five hundred thousand people, mostly white Republicans, are expected to show up there next week. That is a tremendous crowd waiting to see me - but not the largest crowd I have ever drawn - not even close. My crowd-spotters counted more than 14,000,000 people crowded around our podium in Washington, D.C. - largest crowd ever to celebrate a presidential victory. I really hate to disappoint all my loyal supporters in Florida. But, I hope to go back there after the flood waters recede and the greens are dried out. I need a much-deserved sunny week or two of golfing. I work so hard that I need a vacation once in a while. With my help, the National Guard, FEMA, the Fox News weatherman, and all the Republican officials have done an incredible, amazing, tremendous job with this latest hurricane. Couldn't have been better - could it? They are so great, just great! That is why most of the flood water is gone. Oh, by the way, can somebody tell me the name of the hurricane I am wading in? I want to steer clear if it is a female hurricane - like Maria. I have had some very minor trouble with females you know - just minor, not important.

So, wasn't it brave of me to leave the Kavanaugh investigation just to come to storm-riddled Weeky Washy Springs here in South Carolina? Just another great act by a president - don't you agree? But Kavanaugh is getting the best information back in my office. The White House knows just what to do, even when I am away. Just doing my job, perfectly - like everything else I do as president. Nobody could have gotten here so fast. For days, my folks have done a great job prepping Kavanaugh. Don't you think? What a fabulous justice he will make. Their work has been just fantastic, incredible, best job ever. A great job, an incredible job back at the White House. Just incredible how they have jumped in to fix the legal problems. Just like in Puerto Rico. OOPs, we forgot the paper towels! Damn!

39

When I leave office in 2024, I am going to work as hard as I can to get Ann Coulter elected President. We don't always see eye-to-eye, but she has a good heart - a kind heart. She is even-tempered and really smart - almost as smart as I am. I will also recommend Rush Limbaugh for Vice President. I like his quiet, reserved way of communicating on radio. Ann and Rush are two amazing people. They have been so supportive of my fight for the WALL and they never disagree with anything I do or say. That is really important to me.

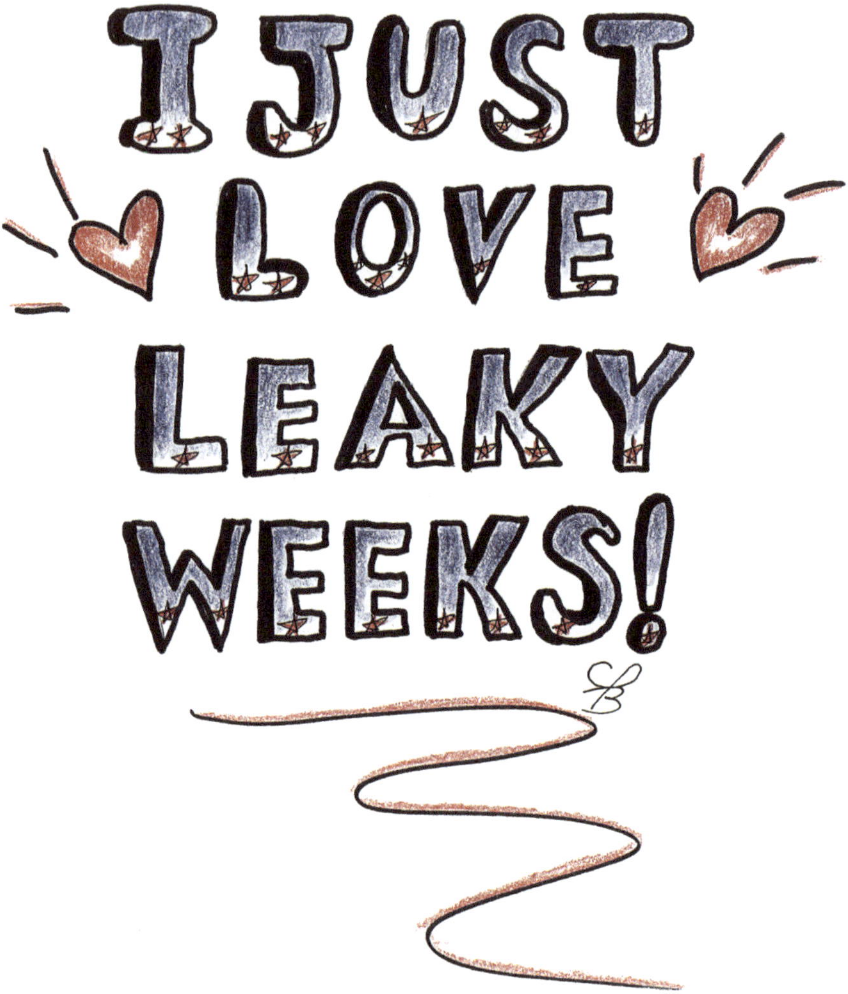
I JUST
LOVE
LEAKY
WEEKS!

Donald Trump's most lasting legacy as president is likely to be his unprecedented skill in lying.

According to the reports by newspapers and TV commentators, as of September 2020, his number of lies in office as president had reached 20,000… and counting.

To provide a graphic idea of how many lies it takes to accumulate 20,000, I have typed out the word "LIE" 20,000 times on the following pages.

LIES LIES LIES LIES LIES LIES LIES LIES LIES LIES LIES LIES LIES
LIES LIES LIES LIES LIES LIES LIES LIES LIES LIES LIES LIES LIES
LIES LIES LIES LIES LIES LIES LIES LIES LIES LIES LIES LIES LIES
LIES LIES LIES LIES LIES LIES LIES LIES LIES LIES LIES LIES LIES
LIES LIES LIES LIES LIES LIES LIES LIES LIES LIES LIES LIES LIES
LIES LIES LIES LIES LIES LIES LIES LIES LIES LIES LIES LIES LIES
LIES LIES LIES LIES LIES LIES LIES LIES LIES LIES LIES LIES LIES
LIES LIES LIES LIES LIES LIES LIES LIES LIES LIES LIES LIES LIES
LIES LIES LIES LIES LIES LIES LIES LIES LIES LIES LIES LIES LIES
LIES LIES LIES LIES LIES LIES LIES LIES LIES LIES LIES LIES LIES
LIES LIES LIES LIES LIES LIES LIES LIES LIES LIES LIES LIES LIES
LIES LIES LIES LIES LIES LIES LIES LIES LIES LIES LIES LIES LIES
LIES LIES LIES LIES LIES LIES LIES LIES LIES LIES LIES LIES LIES
LIES LIES LIES LIES LIES LIES LIES LIES LIES LIES LIES LIES LIES
LIES LIES LIES LIES LIES LIES LIES LIES LIES LIES LIES LIES LIES
LIES LIES LIES LIES LIES LIES LIES LIES LIES LIES LIES LIES LIES
LIES LIES LIES LIES LIES LIES LIES LIES LIES LIES LIES LIES LIES
LIES LIES LIES LIES LIES LIES LIES LIES LIES LIES LIES LIES LIES
LIES LIES LIES LIES LIES LIES LIES LIES LIES LIES LIES LIES LIES
LIES LIES LIES LIES LIES LIES LIES LIES LIES LIES LIES LIES LIES
LIES LIES LIES LIES LIES LIES LIES LIES LIES LIES LIES LIES LIES
LIES LIES LIES LIES LIES LIES LIES LIES LIES LIES LIES LIES LIES
LIES LIES LIES LIES LIES LIES LIES LIES LIES LIES LIES LIES LIES
LIES LIES LIES LIES LIES LIES LIES LIES LIES LIES LIES LIES LIES
LIES LIES LIES LIES LIES LIES LIES LIES LIES LIES LIES LIES LIES
LIES LIES LIES LIES LIES LIES LIES LIES LIES LIES LIES LIES LIES
LIES LIES LIES LIES LIES LIES LIES LIES LIES LIES LIES LIES LIES
LIES LIES LIES LIES LIES LIES LIES LIES LIES LIES LIES LIES LIES
LIES LIES LIES LIES LIES LIES LIES LIES LIES LIES LIES LIES LIES
LIES LIES LIES LIES LIES LIES LIES LIES LIES LIES LIES LIES LIES
LIES LIES LIES LIES LIES LIES LIES LIES LIES LIES LIES LIES LIES
LIES LIES LIES LIES LIES LIES LIES LIES LIES LIES LIES LIES LIES
LIES LIES LIES LIES LIES LIES LIES LIES LIES LIES LIES LIES LIES
LIES LIES LIES LIES LIES LIES LIES LIES LIES LIES LIES LIES LIES
LIES LIES LIES LIES LIES LIES LIES LIES LIES LIES LIES LIES LIES
LIES LIES LIES LIES LIES LIES LIES LIES LIES LIES LIES LIES LIES
LIES LIES LIES LIES LIES LIES LIES LIES LIES LIES LIES LIES LIES
LIES LIES LIES LIES LIES LIES LIES LIES LIES LIES LIES LIES LIES
LIES LIES LIES LIES LIES LIES LIES LIES LIES LIES LIES LIES LIES
LIES LIES LIES LIES LIES LIES LIES LIES LIES LIES LIES LIES LIES

LIES LIES LIES LIES LIES LIES LIES LIES LIES LIES LIES LIES LIES LIES
LIES LIES LIES LIES LIES LIES LIES LIES LIES LIES LIES LIES LIES LIES
LIES LIES LIES LIES LIES LIES LIES LIES LIES LIES LIES LIES LIES LIES
LIES LIES LIES LIES LIES LIES LIES LIES LIES LIES LIES LIES LIES LIES
LIES LIES LIES LIES LIES LIES LIES LIES LIES LIES LIES LIES LIES LIES
LIES LIES LIES LIES LIES LIES LIES LIES LIES LIES LIES LIES LIES LIES
LIES LIES LIES LIES LIES LIES LIES LIES LIES LIES LIES LIES LIES LIES
LIES LIES LIES LIES LIES LIES LIES LIES LIES LIES LIES LIES LIES LIES
LIES LIES LIES LIES LIES LIES LIES LIES LIES LIES LIES LIES LIES LIES
LIES LIES LIES LIES LIES LIES LIES LIES LIES LIES LIES LIES LIES LIES
LIES LIES LIES LIES LIES LIES LIES LIES LIES LIES LIES LIES LIES LIES
LIES LIES LIES LIES LIES LIES LIES LIES LIES LIES LIES LIES LIES LIES
LIES LIES LIES LIES LIES LIES LIES LIES LIES LIES LIES LIES LIES LIES
LIES LIES LIES LIES LIES LIES LIES LIES LIES LIES LIES LIES LIES LIES
LIES LIES LIES LIES LIES LIES LIES LIES LIES LIES LIES LIES LIES LIES
LIES LIES LIES LIES LIES LIES LIES LIES LIES LIES LIES LIES LIES LIES
LIES LIES LIES LIES LIES LIES LIES LIES LIES LIES LIES LIES LIES LIES
LIES LIES LIES LIES LIES LIES LIES LIES LIES LIES LIES LIES LIES LIES
LIES LIES LIES LIES LIES LIES LIES LIES LIES LIES LIES LIES LIES LIES
LIES LIES LIES LIES LIES LIES LIES LIES LIES LIES LIES LIES LIES LIES
LIES LIES LIES LIES LIES LIES LIES LIES LIES LIES LIES LIES LIES LIES
LIES LIES LIES LIES LIES LIES LIES LIES LIES LIES LIES LIES LIES LIES
LIES LIES LIES LIES LIES LIES LIES LIES LIES LIES LIES LIES LIES LIES
LIES LIES LIES LIES LIES LIES LIES LIES LIES LIES LIES LIES LIES LIES
LIES LIES LIES LIES LIES LIES LIES LIES LIES LIES LIES LIES LIES LIES
LIES LIES LIES LIES LIES LIES LIES LIES LIES LIES LIES LIES LIES LIES
LIES LIES LIES LIES LIES LIES LIES LIES LIES LIES LIES LIES LIES LIES
LIES LIES LIES LIES LIES LIES LIES LIES LIES LIES LIES LIES LIES LIES
LIES LIES LIES LIES LIES LIES LIES LIES LIES LIES LIES LIES LIES LIES
LIES LIES LIES LIES LIES LIES LIES LIES LIES LIES LIES LIES LIES LIES
LIES LIES LIES LIES LIES LIES LIES LIES LIES LIES LIES LIES LIES LIES
LIES LIES LIES LIES LIES LIES LIES LIES LIES LIES LIES LIES LIES LIES
LIES LIES LIES LIES LIES LIES LIES LIES LIES LIES LIES LIES LIES LIES
LIES LIES LIES LIES LIES LIES LIES LIES LIES LIES LIES LIES LIES LIES
LIES LIES LIES LIES LIES LIES LIES LIES LIES LIES LIES LIES LIES LIES
LIES LIES LIES LIES LIES LIES LIES LIES LIES LIES LIES LIES LIES LIES
LIES LIES LIES LIES LIES LIES LIES LIES LIES LIES LIES LIES LIES LIES
LIES LIES LIES LIES LIES LIES LIES LIES LIES LIES LIES LIES LIES LIES
LIES LIES LIES LIES LIES LIES LIES LIES LIES LIES LIES LIES LIES LIES
LIES LIES LIES LIES LIES LIES LIES LIES LIES LIES LIES LIES LIES LIES

LIES LIES LIES LIES LIES LIES LIES LIES LIES LIES LIES LIES LIES LIES
LIES LIES LIES LIES LIES LIES LIES LIES LIES LIES LIES LIES LIES LIES
LIES LIES LIES LIES LIES LIES LIES LIES LIES LIES LIES LIES LIES LIES
LIES LIES LIES LIES LIES LIES LIES LIES LIES LIES LIES LIES LIES LIES
LIES LIES LIES LIES LIES LIES LIES LIES LIES LIES LIES LIES LIES LIES
LIES LIES LIES LIES LIES LIES LIES LIES LIES LIES LIES LIES LIES LIES
LIES LIES LIES LIES LIES LIES LIES LIES LIES LIES LIES LIES LIES LIES
LIES LIES LIES LIES LIES LIES LIES LIES LIES LIES LIES LIES LIES LIES
LIES LIES LIES LIES LIES LIES LIES LIES LIES LIES LIES LIES LIES LIES
LIES LIES LIES LIES LIES LIES LIES LIES LIES LIES LIES LIES LIES LIES
LIES LIES LIES LIES LIES LIES LIES LIES LIES LIES LIES LIES LIES LIES
LIES LIES LIES LIES LIES LIES LIES LIES LIES LIES LIES LIES LIES LIES
LIES LIES LIES LIES LIES LIES LIES LIES LIES LIES LIES LIES LIES LIES
LIES LIES LIES LIES LIES LIES LIES LIES LIES LIES LIES LIES LIES LIES
LIES LIES LIES LIES LIES LIES LIES LIES LIES LIES LIES LIES LIES LIES
LIES LIES LIES LIES LIES LIES LIES LIES LIES LIES LIES LIES LIES LIES
LIES LIES LIES LIES LIES LIES LIES LIES LIES LIES LIES LIES LIES LIES
LIES LIES LIES LIES LIES LIES LIES LIES LIES LIES LIES LIES LIES LIES
LIES LIES LIES LIES LIES LIES LIES LIES LIES LIES LIES LIES LIES LIES
LIES LIES LIES LIES LIES LIES LIES LIES LIES LIES LIES LIES LIES LIES
LIES LIES LIES LIES LIES LIES LIES LIES LIES LIES LIES LIES LIES LIES
LIES LIES LIES LIES LIES LIES LIES LIES LIES LIES LIES LIES LIES LIES
LIES LIES LIES LIES LIES LIES LIES LIES LIES LIES LIES LIES LIES LIES
LIES LIES LIES LIES LIES LIES LIES LIES LIES LIES LIES LIES LIES LIES
LIES LIES LIES LIES LIES LIES LIES LIES LIES LIES LIES LIES LIES LIES
LIES LIES LIES LIES LIES LIES LIES LIES LIES LIES LIES LIES LIES LIES
LIES LIES LIES LIES LIES LIES LIES LIES LIES LIES LIES LIES LIES LIES
LIES LIES LIES LIES LIES LIES LIES LIES LIES LIES LIES LIES LIES LIES
LIES LIES LIES LIES LIES LIES LIES LIES LIES LIES LIES LIES LIES LIES
LIES LIES LIES LIES LIES LIES LIES LIES LIES LIES LIES LIES LIES LIES
LIES LIES LIES LIES LIES LIES LIES LIES LIES LIES LIES LIES LIES LIES
LIES LIES LIES LIES LIES LIES LIES LIES LIES LIES LIES LIES LIES LIES
LIES LIES LIES LIES LIES LIES LIES LIES LIES LIES LIES LIES LIES LIES
LIES LIES LIES LIES LIES LIES LIES LIES LIES LIES LIES LIES LIES LIES
LIES LIES LIES LIES LIES LIES LIES LIES LIES LIES LIES LIES LIES LIES
LIES LIES LIES LIES LIES LIES LIES LIES LIES LIES LIES LIES LIES LIES
LIES LIES LIES LIES LIES LIES LIES LIES LIES LIES LIES LIES LIES LIES
LIES LIES LIES LIES LIES LIES LIES LIES LIES LIES LIES LIES LIES LIES
LIES LIES LIES LIES LIES LIES LIES LIES LIES LIES LIES LIES LIES LIES
LIES LIES LIES LIES LIES LIES LIES LIES LIES LIES LIES LIES LIES LIES
LIES LIES LIES LIES LIES LIES LIES LIES LIES LIES LIES LIES LIES LIES
LIES LIES LIES LIES LIES LIES LIES LIES LIES LIES LIES LIES LIES LIES

LIES LIES LIES LIES LIES LIES LIES LIES LIES LIES LIES LIES LIES LIES
LIES LIES LIES LIES LIES LIES LIES LIES LIES LIES LIES LIES LIES LIES
LIES LIES LIES LIES LIES LIES LIES LIES LIES LIES LIES LIES LIES LIES
LIES LIES LIES LIES LIES LIES LIES LIES LIES LIES LIES LIES LIES LIES
LIES LIES LIES LIES LIES LIES LIES LIES LIES LIES LIES LIES LIES LIES
LIES LIES LIES LIES LIES LIES LIES LIES LIES LIES LIES LIES LIES LIES
LIES LIES LIES LIES LIES LIES LIES LIES LIES LIES LIES LIES LIES LIES
LIES LIES LIES LIES LIES LIES LIES LIES LIES LIES LIES LIES LIES LIES
LIES LIES LIES LIES LIES LIES LIES LIES LIES LIES LIES LIES LIES LIES
LIES LIES LIES LIES LIES LIES LIES LIES LIES LIES LIES LIES LIES LIES
LIES LIES LIES LIES LIES LIES LIES LIES LIES LIES LIES LIES LIES LIES
LIES LIES LIES LIES LIES LIES LIES LIES LIES LIES LIES LIES LIES LIES
LIES LIES LIES LIES LIES LIES LIES LIES LIES LIES LIES LIES LIES LIES
LIES LIES LIES LIES LIES LIES LIES LIES LIES LIES LIES LIES LIES LIES
LIES LIES LIES LIES LIES LIES LIES LIES LIES LIES LIES LIES LIES LIES
LIES LIES LIES LIES LIES LIES LIES LIES LIES LIES LIES LIES LIES LIES
LIES LIES LIES LIES LIES LIES LIES LIES LIES LIES LIES LIES LIES LIES
LIES LIES LIES LIES LIES LIES LIES LIES LIES LIES LIES LIES LIES LIES
LIES LIES LIES LIES LIES LIES LIES LIES LIES LIES LIES LIES LIES LIES
LIES LIES LIES LIES LIES LIES LIES LIES LIES LIES LIES LIES LIES LIES
LIES LIES LIES LIES LIES LIES LIES LIES LIES LIES LIES LIES LIES LIES
LIES LIES LIES LIES LIES LIES LIES LIES LIES LIES LIES LIES LIES LIES
LIES LIES LIES LIES LIES LIES LIES LIES LIES LIES LIES LIES LIES LIES
LIES LIES LIES LIES LIES LIES LIES LIES LIES LIES LIES LIES LIES LIES
LIES LIES LIES LIES LIES LIES LIES LIES LIES LIES LIES LIES LIES LIES
LIES LIES LIES LIES LIES LIES LIES LIES LIES LIES LIES LIES LIES LIES
LIES LIES LIES LIES LIES LIES LIES LIES LIES LIES LIES LIES LIES LIES
LIES LIES LIES LIES LIES LIES LIES LIES LIES LIES LIES LIES LIES LIES
LIES LIES LIES LIES LIES LIES LIES LIES LIES LIES LIES LIES LIES LIES
LIES LIES LIES LIES LIES LIES LIES LIES LIES LIES LIES LIES LIES LIES
LIES LIES LIES LIES LIES LIES LIES LIES LIES LIES LIES LIES LIES LIES
LIES LIES LIES LIES LIES LIES LIES LIES LIES LIES LIES LIES LIES LIES
LIES LIES LIES LIES LIES LIES LIES LIES LIES LIES LIES LIES LIES LIES
LIES LIES LIES LIES LIES LIES LIES LIES LIES LIES LIES LIES LIES LIES
LIES LIES LIES LIES LIES LIES LIES LIES LIES LIES LIES LIES LIES LIES
LIES LIES LIES LIES LIES LIES LIES LIES LIES LIES LIES LIES LIES LIES
LIES LIES LIES LIES LIES LIES LIES LIES LIES LIES LIES LIES LIES LIES
LIES LIES LIES LIES LIES LIES LIES LIES LIES LIES LIES LIES LIES LIES
LIES LIES LIES LIES LIES LIES LIES LIES LIES LIES LIES LIES LIES LIES
LIES LIES LIES LIES LIES LIES LIES LIES LIES LIES LIES LIES LIES LIES
LIES LIES LIES LIES LIES LIES LIES LIES LIES LIES LIES LIES LIES LIES
LIES LIES LIES LIES LIES LIES LIES LIES LIES LIES LIES LIES LIES LIES
LIES LIES LIES LIES LIES LIES LIES LIES LIES LIES LIES LIES LIES LIES
LIES LIES LIES LIES LIES LIES LIES LIES LIES LIES LIES LIES LIES LIES

LIES LIES LIES LIES LIES LIES LIES LIES LIES LIES LIES LIES LIES LIES
LIES LIES LIES LIES LIES LIES LIES LIES LIES LIES LIES LIES LIES LIES
LIES LIES LIES LIES LIES LIES LIES LIES LIES LIES LIES LIES LIES LIES
LIES LIES LIES LIES LIES LIES LIES LIES LIES LIES LIES LIES LIES LIES
LIES LIES LIES LIES LIES LIES LIES LIES LIES LIES LIES LIES LIES LIES
LIES LIES LIES LIES LIES LIES LIES LIES LIES LIES LIES LIES LIES LIES
LIES LIES LIES LIES LIES LIES LIES LIES LIES LIES LIES LIES LIES LIES
LIES LIES LIES LIES LIES LIES LIES LIES LIES LIES LIES LIES LIES LIES
LIES LIES LIES LIES LIES LIES LIES LIES LIES LIES LIES LIES LIES LIES
LIES LIES LIES LIES LIES LIES LIES LIES LIES LIES LIES LIES LIES LIES
LIES LIES LIES LIES LIES LIES LIES LIES LIES LIES LIES LIES LIES LIES
LIES LIES LIES LIES LIES LIES LIES LIES LIES LIES LIES LIES LIES LIES
LIES LIES LIES LIES LIES LIES LIES LIES LIES LIES LIES LIES LIES LIES
LIES LIES LIES LIES LIES LIES LIES LIES LIES LIES LIES LIES LIES LIES
LIES LIES LIES LIES LIES LIES LIES LIES LIES LIES LIES LIES LIES LIES
LIES LIES LIES LIES LIES LIES LIES LIES LIES LIES LIES LIES LIES LIES
LIES LIES LIES LIES LIES LIES LIES LIES LIES LIES LIES LIES LIES LIES
LIES LIES LIES LIES LIES LIES LIES LIES LIES LIES LIES LIES LIES LIES
LIES LIES LIES LIES LIES LIES LIES LIES LIES LIES LIES LIES LIES LIES
LIES LIES LIES LIES LIES LIES LIES LIES LIES LIES LIES LIES LIES LIES
LIES LIES LIES LIES LIES LIES LIES LIES LIES LIES LIES LIES LIES LIES
LIES LIES LIES LIES LIES LIES LIES LIES LIES LIES LIES LIES LIES LIES
LIES LIES LIES LIES LIES LIES LIES LIES LIES LIES LIES LIES LIES LIES
LIES LIES LIES LIES LIES LIES LIES LIES LIES LIES LIES LIES LIES LIES
LIES LIES LIES LIES LIES LIES LIES LIES LIES LIES LIES LIES LIES LIES
LIES LIES LIES LIES LIES LIES LIES LIES LIES LIES LIES LIES LIES LIES
LIES LIES LIES LIES LIES LIES LIES LIES LIES LIES LIES LIES LIES LIES
LIES LIES LIES LIES LIES LIES LIES LIES LIES LIES LIES LIES LIES LIES
LIES LIES LIES LIES LIES LIES LIES LIES LIES LIES LIES LIES LIES LIES
LIES LIES LIES LIES LIES LIES LIES LIES LIES LIES LIES LIES LIES LIES
LIES LIES LIES LIES LIES LIES LIES LIES LIES LIES LIES LIES LIES LIES
LIES LIES LIES LIES LIES LIES LIES LIES LIES LIES LIES LIES LIES LIES
LIES LIES LIES LIES LIES LIES LIES LIES LIES LIES LIES LIES LIES LIES
LIES LIES LIES LIES LIES LIES LIES LIES LIES LIES LIES LIES LIES LIES
LIES LIES LIES LIES LIES LIES LIES LIES LIES LIES LIES LIES LIES LIES
LIES LIES LIES LIES LIES LIES LIES LIES LIES LIES LIES LIES LIES LIES
LIES LIES LIES LIES LIES LIES LIES LIES LIES LIES LIES LIES LIES LIES
LIES LIES LIES LIES LIES LIES LIES LIES LIES LIES LIES LIES LIES LIES
LIES LIES LIES LIES LIES LIES LIES LIES LIES LIES LIES LIES LIES LIES
LIES LIES LIES LIES LIES LIES LIES LIES LIES LIES LIES LIES LIES LIES
LIES LIES LIES LIES LIES LIES LIES LIES LIES LIES LIES LIES LIES LIES
LIES LIES LIES LIES LIES LIES LIES LIES LIES LIES LIES LIES LIES LIES

LIES LIES LIES LIES LIES LIES LIES LIES LIES LIES LIES LIES LIES LIES
LIES LIES LIES LIES LIES LIES LIES LIES LIES LIES LIES LIES LIES LIES
LIES LIES LIES LIES LIES LIES LIES LIES LIES LIES LIES LIES LIES LIES
LIES LIES LIES LIES LIES LIES LIES LIES LIES LIES LIES LIES LIES LIES
LIES LIES LIES LIES LIES LIES LIES LIES LIES LIES LIES LIES LIES LIES
LIES LIES LIES LIES LIES LIES LIES LIES LIES LIES LIES LIES LIES LIES
LIES LIES LIES LIES LIES LIES LIES LIES LIES LIES LIES LIES LIES LIES
LIES LIES LIES LIES LIES LIES LIES LIES LIES LIES LIES LIES LIES LIES
LIES LIES LIES LIES LIES LIES LIES LIES LIES LIES LIES LIES LIES LIES
LIES LIES LIES LIES LIES LIES LIES LIES LIES LIES LIES LIES LIES LIES
LIES LIES LIES LIES LIES LIES LIES LIES LIES LIES LIES LIES LIES LIES
LIES LIES LIES LIES LIES LIES LIES LIES LIES LIES LIES LIES LIES LIES
LIES LIES LIES LIES LIES LIES LIES LIES LIES LIES LIES LIES LIES LIES
LIES LIES LIES LIES LIES LIES LIES LIES LIES LIES LIES LIES LIES LIES
LIES LIES LIES LIES LIES LIES LIES LIES LIES LIES LIES LIES LIES LIES
LIES LIES LIES LIES LIES LIES LIES LIES LIES LIES LIES LIES LIES LIES
LIES LIES LIES LIES LIES LIES LIES LIES LIES LIES LIES LIES LIES LIES
LIES LIES LIES LIES LIES LIES LIES LIES LIES LIES LIES LIES LIES LIES
LIES LIES LIES LIES LIES LIES LIES LIES LIES LIES LIES LIES LIES LIES
LIES LIES LIES LIES LIES LIES LIES LIES LIES LIES LIES LIES LIES LIES
LIES LIES LIES LIES LIES LIES LIES LIES LIES LIES LIES LIES LIES LIES
LIES LIES LIES LIES LIES LIES LIES LIES LIES LIES LIES LIES LIES LIES
LIES LIES LIES LIES LIES LIES LIES LIES LIES LIES LIES LIES LIES LIES
LIES LIES LIES LIES LIES LIES LIES LIES LIES LIES LIES LIES LIES LIES
LIES LIES LIES LIES LIES LIES LIES LIES LIES LIES LIES LIES LIES LIES
LIES LIES LIES LIES LIES LIES LIES LIES LIES LIES LIES LIES LIES LIES
LIES LIES LIES LIES LIES LIES LIES LIES LIES LIES LIES LIES LIES LIES
LIES LIES LIES LIES LIES LIES LIES LIES LIES LIES LIES LIES LIES LIES
LIES LIES LIES LIES LIES LIES LIES LIES LIES LIES LIES LIES LIES LIES
LIES LIES LIES LIES LIES LIES LIES LIES LIES LIES LIES LIES LIES LIES
LIES LIES LIES LIES LIES LIES LIES LIES LIES LIES LIES LIES LIES LIES
LIES LIES LIES LIES LIES LIES LIES LIES LIES LIES LIES LIES LIES LIES
LIES LIES LIES LIES LIES LIES LIES LIES LIES LIES LIES LIES LIES LIES
LIES LIES LIES LIES LIES LIES LIES LIES LIES LIES LIES LIES LIES LIES
LIES LIES LIES LIES LIES LIES LIES LIES LIES LIES LIES LIES LIES LIES
LIES LIES LIES LIES LIES LIES LIES LIES LIES LIES LIES LIES LIES LIES
LIES LIES LIES LIES LIES LIES LIES LIES LIES LIES LIES LIES LIES LIES
LIES LIES LIES LIES LIES LIES LIES LIES LIES LIES LIES LIES LIES LIES
LIES LIES LIES LIES LIES LIES LIES LIES LIES LIES LIES LIES LIES LIES
LIES LIES LIES LIES LIES LIES LIES LIES LIES LIES LIES LIES LIES LIES
LIES LIES LIES LIES LIES LIES LIES LIES LIES LIES LIES LIES LIES LIES
LIES LIES LIES LIES LIES LIES LIES LIES LIES LIES LIES LIES LIES LIES

LIES LIES LIES LIES LIES LIES LIES LIES LIES LIES LIES LIES LIES LIES
LIES LIES LIES LIES LIES LIES LIES LIES LIES LIES LIES LIES LIES LIES
LIES LIES LIES LIES LIES LIES LIES LIES LIES LIES LIES LIES LIES LIES
LIES LIES LIES LIES LIES LIES LIES LIES LIES LIES LIES LIES LIES LIES
LIES LIES LIES LIES LIES LIES LIES LIES LIES LIES LIES LIES LIES LIES
LIES LIES LIES LIES LIES LIES LIES LIES LIES LIES LIES LIES LIES LIES
LIES LIES LIES LIES LIES LIES LIES LIES LIES LIES LIES LIES LIES LIES
LIES LIES LIES LIES LIES LIES LIES LIES LIES LIES LIES LIES LIES LIES
LIES LIES LIES LIES LIES LIES LIES LIES LIES LIES LIES LIES LIES LIES
LIES LIES LIES LIES LIES LIES LIES LIES LIES LIES LIES LIES LIES LIES
LIES LIES LIES LIES LIES LIES LIES LIES LIES LIES LIES LIES LIES LIES
LIES LIES LIES LIES LIES LIES LIES LIES LIES LIES LIES LIES LIES LIES
LIES LIES LIES LIES LIES LIES LIES LIES LIES LIES LIES LIES LIES LIES
LIES LIES LIES LIES LIES LIES LIES LIES LIES LIES LIES LIES LIES LIES
LIES LIES LIES LIES LIES LIES LIES LIES LIES LIES LIES LIES LIES LIES
LIES LIES LIES LIES LIES LIES LIES LIES LIES LIES LIES LIES LIES LIES
LIES LIES LIES LIES LIES LIES LIES LIES LIES LIES LIES LIES LIES LIES
LIES LIES LIES LIES LIES LIES LIES LIES LIES LIES LIES LIES LIES LIES
LIES LIES LIES LIES LIES LIES LIES LIES LIES LIES LIES LIES LIES LIES
LIES LIES LIES LIES LIES LIES LIES LIES LIES LIES LIES LIES LIES LIES
LIES LIES LIES LIES LIES LIES LIES LIES LIES LIES LIES LIES LIES LIES
LIES LIES LIES LIES LIES LIES LIES LIES LIES LIES LIES LIES LIES LIES
LIES LIES LIES LIES LIES LIES LIES LIES LIES LIES LIES LIES LIES LIES
LIES LIES LIES LIES LIES LIES LIES LIES LIES LIES LIES LIES LIES LIES
LIES LIES LIES LIES LIES LIES LIES LIES LIES LIES LIES LIES LIES LIES
LIES LIES LIES LIES LIES LIES LIES LIES LIES LIES LIES LIES LIES LIES
LIES LIES LIES LIES LIES LIES LIES LIES LIES LIES LIES LIES LIES LIES
LIES LIES LIES LIES LIES LIES LIES LIES LIES LIES LIES LIES LIES LIES
LIES LIES LIES LIES LIES LIES LIES LIES LIES LIES LIES LIES LIES LIES
LIES LIES LIES LIES LIES LIES LIES LIES LIES LIES LIES LIES LIES LIES
LIES LIES LIES LIES LIES LIES LIES LIES LIES LIES LIES LIES LIES LIES
LIES LIES LIES LIES LIES LIES LIES LIES LIES LIES LIES LIES LIES LIES
LIES LIES LIES LIES LIES LIES LIES LIES LIES LIES LIES LIES LIES LIES
LIES LIES LIES LIES LIES LIES LIES LIES LIES LIES LIES LIES LIES LIES
LIES LIES LIES LIES LIES LIES LIES LIES LIES LIES LIES LIES LIES LIES
LIES LIES LIES LIES LIES LIES LIES LIES LIES LIES LIES LIES LIES LIES
LIES LIES LIES LIES LIES LIES LIES LIES LIES LIES LIES LIES LIES LIES
LIES LIES LIES LIES LIES LIES LIES LIES LIES LIES LIES LIES LIES LIES
LIES LIES LIES LIES LIES LIES LIES LIES LIES LIES LIES LIES LIES LIES
LIES LIES LIES LIES LIES LIES LIES LIES LIES LIES LIES LIES LIES LIES
LIES LIES LIES LIES LIES LIES LIES LIES LIES LIES LIES LIES LIES LIES
LIES LIES LIES LIES LIES LIES LIES LIES LIES LIES LIES LIES LIES LIES

LIES LIES LIES LIES LIES LIES LIES LIES LIES LIES LIES LIES LIES LIES
LIES LIES LIES LIES LIES LIES LIES LIES LIES LIES LIES LIES LIES LIES
LIES LIES LIES LIES LIES LIES LIES LIES LIES LIES LIES LIES LIES LIES
LIES LIES LIES LIES LIES LIES LIES LIES LIES LIES LIES LIES LIES LIES
LIES LIES LIES LIES LIES LIES LIES LIES LIES LIES LIES LIES LIES LIES
LIES LIES LIES LIES LIES LIES LIES LIES LIES LIES LIES LIES LIES LIES
LIES LIES LIES LIES LIES LIES LIES LIES LIES LIES LIES LIES LIES LIES
LIES LIES LIES LIES LIES LIES LIES LIES LIES LIES LIES LIES LIES LIES
LIES LIES LIES LIES LIES LIES LIES LIES LIES LIES LIES LIES LIES LIES
LIES LIES LIES LIES LIES LIES LIES LIES LIES LIES LIES LIES LIES LIES
LIES LIES LIES LIES LIES LIES LIES LIES LIES LIES LIES LIES LIES LIES
LIES LIES LIES LIES LIES LIES LIES LIES LIES LIES LIES LIES LIES LIES
LIES LIES LIES LIES LIES LIES LIES LIES LIES LIES LIES LIES LIES LIES
LIES LIES LIES LIES LIES LIES LIES LIES LIES LIES LIES LIES LIES LIES
LIES LIES LIES LIES LIES LIES LIES LIES LIES LIES LIES LIES LIES LIES
LIES LIES LIES LIES LIES LIES LIES LIES LIES LIES LIES LIES LIES LIES
LIES LIES LIES LIES LIES LIES LIES LIES LIES LIES LIES LIES LIES LIES
LIES LIES LIES LIES LIES LIES LIES LIES LIES LIES LIES LIES LIES LIES
LIES LIES LIES LIES LIES LIES LIES LIES LIES LIES LIES LIES LIES LIES
LIES LIES LIES LIES LIES LIES LIES LIES LIES LIES LIES LIES LIES LIES
LIES LIES LIES LIES LIES LIES LIES LIES LIES LIES LIES LIES LIES LIES
LIES LIES LIES LIES LIES LIES LIES LIES LIES LIES LIES LIES LIES LIES
LIES LIES LIES LIES LIES LIES LIES LIES LIES LIES LIES LIES LIES LIES
LIES LIES LIES LIES LIES LIES LIES LIES LIES LIES LIES LIES LIES LIES
LIES LIES LIES LIES LIES LIES LIES LIES LIES LIES LIES LIES LIES LIES
LIES LIES LIES LIES LIES LIES LIES LIES LIES LIES LIES LIES LIES LIES
LIES LIES LIES LIES LIES LIES LIES LIES LIES LIES LIES LIES LIES LIES
LIES LIES LIES LIES LIES LIES LIES LIES LIES LIES LIES LIES LIES LIES
LIES LIES LIES LIES LIES LIES LIES LIES LIES LIES LIES LIES LIES LIES
LIES LIES LIES LIES LIES LIES LIES LIES LIES LIES LIES LIES LIES LIES
LIES LIES LIES LIES LIES LIES LIES LIES LIES LIES LIES LIES LIES LIES
LIES LIES LIES LIES LIES LIES LIES LIES LIES LIES LIES LIES LIES LIES
LIES LIES LIES LIES LIES LIES LIES LIES LIES LIES LIES LIES LIES LIES
LIES LIES LIES LIES LIES LIES LIES LIES LIES LIES LIES LIES LIES LIES
LIES LIES LIES LIES LIES LIES LIES LIES LIES LIES LIES LIES LIES LIES
LIES LIES LIES LIES LIES LIES LIES LIES LIES LIES LIES LIES LIES LIES
LIES LIES LIES LIES LIES LIES LIES LIES LIES LIES LIES LIES LIES LIES
LIES LIES LIES LIES LIES LIES LIES LIES LIES LIES LIES LIES LIES LIES
LIES LIES LIES LIES LIES LIES LIES LIES LIES LIES LIES LIES LIES LIES
LIES LIES LIES LIES LIES LIES LIES LIES LIES LIES LIES LIES LIES LIES
LIES LIES LIES LIES LIES LIES LIES LIES LIES LIES LIES LIES LIES LIES

LIES LIES LIES LIES LIES LIES LIES LIES LIES LIES LIES LIES LIES LIES
LIES LIES LIES LIES LIES LIES LIES LIES LIES LIES LIES LIES LIES LIES
LIES LIES LIES LIES LIES LIES LIES LIES LIES LIES LIES LIES LIES LIES
LIES LIES LIES LIES LIES LIES LIES LIES LIES LIES LIES LIES LIES LIES
LIES LIES LIES LIES LIES LIES LIES LIES LIES LIES LIES LIES LIES LIES
LIES LIES LIES LIES LIES LIES LIES LIES LIES LIES LIES LIES LIES LIES
LIES LIES LIES LIES LIES LIES LIES LIES LIES LIES LIES LIES LIES LIES
LIES LIES LIES LIES LIES LIES LIES LIES LIES LIES LIES LIES LIES LIES
LIES LIES LIES LIES LIES LIES LIES LIES LIES LIES LIES LIES LIES LIES
LIES LIES LIES LIES LIES LIES LIES LIES LIES LIES LIES LIES LIES LIES
LIES LIES LIES LIES LIES LIES LIES LIES LIES LIES LIES LIES LIES LIES
LIES LIES LIES LIES LIES LIES LIES LIES LIES LIES LIES LIES LIES LIES
LIES LIES LIES LIES LIES LIES LIES LIES LIES LIES LIES LIES LIES LIES
LIES LIES LIES LIES LIES LIES LIES LIES LIES LIES LIES LIES LIES LIES
LIES LIES LIES LIES LIES LIES LIES LIES LIES LIES LIES LIES LIES LIES
LIES LIES LIES LIES LIES LIES LIES LIES LIES LIES LIES LIES LIES LIES
LIES LIES LIES LIES LIES LIES LIES LIES LIES LIES LIES LIES LIES LIES
LIES LIES LIES LIES LIES LIES LIES LIES LIES LIES LIES LIES LIES LIES
LIES LIES LIES LIES LIES LIES LIES LIES LIES LIES LIES LIES LIES LIES
LIES LIES LIES LIES LIES LIES LIES LIES LIES LIES LIES LIES LIES LIES
LIES LIES LIES LIES LIES LIES LIES LIES LIES LIES LIES LIES LIES LIES
LIES LIES LIES LIES LIES LIES LIES LIES LIES LIES LIES LIES LIES LIES
LIES LIES LIES LIES LIES LIES LIES LIES LIES LIES LIES LIES LIES LIES
LIES LIES LIES LIES LIES LIES LIES LIES LIES LIES LIES LIES LIES LIES
LIES LIES LIES LIES LIES LIES LIES LIES LIES LIES LIES LIES LIES LIES
LIES LIES LIES LIES LIES LIES LIES LIES LIES LIES LIES LIES LIES LIES
LIES LIES LIES LIES LIES LIES LIES LIES LIES LIES LIES LIES LIES LIES
LIES LIES LIES LIES LIES LIES LIES LIES LIES LIES LIES LIES LIES LIES
LIES LIES LIES LIES LIES LIES LIES LIES LIES LIES LIES LIES LIES LIES
LIES LIES LIES LIES LIES LIES LIES LIES LIES LIES LIES LIES LIES LIES
LIES LIES LIES LIES LIES LIES LIES LIES LIES LIES LIES LIES LIES LIES
LIES LIES LIES LIES LIES LIES LIES LIES LIES LIES LIES LIES LIES LIES
LIES LIES LIES LIES LIES LIES LIES LIES LIES LIES LIES LIES LIES LIES
LIES LIES LIES LIES LIES LIES LIES LIES LIES LIES LIES LIES LIES LIES
LIES LIES LIES LIES LIES LIES LIES LIES LIES LIES LIES LIES LIES LIES
LIES LIES LIES LIES LIES LIES LIES LIES LIES LIES LIES LIES LIES LIES
LIES LIES LIES LIES LIES LIES LIES LIES LIES LIES LIES LIES LIES LIES
LIES LIES LIES LIES LIES LIES LIES LIES LIES LIES LIES LIES LIES LIES
LIES LIES LIES LIES LIES LIES LIES LIES LIES LIES LIES LIES LIES LIES
LIES LIES LIES LIES LIES LIES LIES LIES LIES LIES LIES LIES LIES LIES
LIES LIES LIES LIES LIES LIES LIES LIES LIES LIES LIES LIES LIES LIES
LIES LIES LIES LIES LIES LIES LIES LIES LIES LIES LIES LIES LIES LIES

LIES LIES LIES LIES LIES LIES LIES LIES LIES LIES LIES LIES LIES LIES
LIES LIES LIES LIES LIES LIES LIES LIES LIES LIES LIES LIES LIES LIES
LIES LIES LIES LIES LIES LIES LIES LIES LIES LIES LIES LIES LIES LIES
LIES LIES LIES LIES LIES LIES LIES LIES LIES LIES LIES LIES LIES LIES
LIES LIES LIES LIES LIES LIES LIES LIES LIES LIES LIES LIES LIES LIES
LIES LIES LIES LIES LIES LIES LIES LIES LIES LIES LIES LIES LIES LIES
LIES LIES LIES LIES LIES LIES LIES LIES LIES LIES LIES LIES LIES LIES
LIES LIES LIES LIES LIES LIES LIES LIES LIES LIES LIES LIES LIES LIES
LIES LIES LIES LIES LIES LIES LIES LIES LIES LIES LIES LIES LIES LIES
LIES LIES LIES LIES LIES LIES LIES LIES LIES LIES LIES LIES LIES LIES
LIES LIES LIES LIES LIES LIES LIES LIES LIES LIES LIES LIES LIES LIES
LIES LIES LIES LIES LIES LIES LIES LIES LIES LIES LIES LIES LIES LIES
LIES LIES LIES LIES LIES LIES LIES LIES LIES LIES LIES LIES LIES LIES
LIES LIES LIES LIES LIES LIES LIES LIES LIES LIES LIES LIES LIES LIES
LIES LIES LIES LIES LIES LIES LIES LIES LIES LIES LIES LIES LIES LIES
LIES LIES LIES LIES LIES LIES LIES LIES LIES LIES LIES LIES LIES LIES
LIES LIES LIES LIES LIES LIES LIES LIES LIES LIES LIES LIES LIES LIES
LIES LIES LIES LIES LIES LIES LIES LIES LIES LIES LIES LIES LIES LIES
LIES LIES LIES LIES LIES LIES LIES LIES LIES LIES LIES LIES LIES LIES
LIES LIES LIES LIES LIES LIES LIES LIES LIES LIES LIES LIES LIES LIES
LIES LIES LIES LIES LIES LIES LIES LIES LIES LIES LIES LIES LIES LIES
LIES LIES LIES LIES LIES LIES LIES LIES LIES LIES LIES LIES LIES LIES
LIES LIES LIES LIES LIES LIES LIES LIES LIES LIES LIES LIES LIES LIES
LIES LIES LIES LIES LIES LIES LIES LIES LIES LIES LIES LIES LIES LIES
LIES LIES LIES LIES LIES LIES LIES LIES LIES LIES LIES LIES LIES LIES
LIES LIES LIES LIES LIES LIES LIES LIES LIES LIES LIES LIES LIES LIES
LIES LIES LIES LIES LIES LIES LIES LIES LIES LIES LIES LIES LIES LIES
LIES LIES LIES LIES LIES LIES LIES LIES LIES LIES LIES LIES LIES LIES
LIES LIES LIES LIES LIES LIES LIES LIES LIES LIES LIES LIES LIES LIES
LIES LIES LIES LIES LIES LIES LIES LIES LIES LIES LIES LIES LIES LIES
LIES LIES LIES LIES LIES LIES LIES LIES LIES LIES LIES LIES LIES LIES
LIES LIES LIES LIES LIES LIES LIES LIES LIES LIES LIES LIES LIES LIES
LIES LIES LIES LIES LIES LIES LIES LIES LIES LIES LIES LIES LIES LIES
LIES LIES LIES LIES LIES LIES LIES LIES LIES LIES LIES LIES LIES LIES
LIES LIES LIES LIES LIES LIES LIES LIES LIES LIES LIES LIES LIES LIES
LIES LIES LIES LIES LIES LIES LIES LIES LIES LIES LIES LIES LIES LIES
LIES LIES LIES LIES LIES LIES LIES LIES LIES LIES LIES LIES LIES LIES
LIES LIES LIES LIES LIES LIES LIES LIES LIES LIES LIES LIES LIES LIES
LIES LIES LIES LIES LIES LIES LIES LIES LIES LIES LIES LIES LIES LIES
LIES LIES LIES LIES LIES LIES LIES LIES LIES LIES LIES LIES LIES LIES
LIES LIES LIES LIES LIES LIES LIES LIES LIES LIES LIES LIES LIES LIES
LIES LIES LIES LIES LIES LIES LIES LIES LIES LIES LIES LIES LIES LIES

LIES LIES LIES LIES LIES LIES LIES LIES LIES LIES LIES LIES LIES
LIES LIES LIES LIES LIES LIES LIES LIES LIES LIES LIES LIES LIES
LIES LIES LIES LIES LIES LIES LIES LIES LIES LIES LIES LIES LIES
LIES LIES LIES LIES LIES LIES LIES LIES LIES LIES LIES LIES LIES
LIES LIES LIES LIES LIES LIES LIES LIES LIES LIES LIES LIES LIES
LIES LIES LIES LIES LIES LIES LIES LIES LIES LIES LIES LIES LIES
LIES LIES LIES LIES LIES LIES LIES LIES LIES LIES LIES LIES LIES
LIES LIES LIES LIES LIES LIES LIES LIES LIES LIES LIES LIES LIES
LIES LIES LIES LIES LIES LIES LIES LIES LIES LIES LIES LIES LIES
LIES LIES LIES LIES LIES LIES LIES LIES LIES LIES LIES LIES LIES
LIES LIES LIES LIES LIES LIES LIES LIES LIES LIES LIES LIES LIES
LIES LIES LIES LIES LIES LIES LIES LIES LIES LIES LIES LIES LIES
LIES LIES LIES LIES LIES LIES LIES LIES LIES LIES LIES LIES LIES
LIES LIES LIES LIES LIES LIES LIES LIES LIES LIES LIES LIES LIES
LIES LIES LIES LIES LIES LIES LIES LIES LIES LIES LIES LIES LIES
LIES LIES LIES LIES LIES LIES LIES LIES LIES LIES LIES LIES LIES
LIES LIES LIES LIES LIES LIES LIES LIES LIES LIES LIES LIES LIES
LIES LIES LIES LIES LIES LIES LIES LIES LIES LIES LIES LIES LIES
LIES LIES LIES LIES LIES LIES LIES LIES LIES LIES LIES LIES LIES
LIES LIES LIES LIES LIES LIES LIES LIES LIES LIES LIES LIES LIES
LIES LIES LIES LIES LIES LIES LIES LIES LIES LIES LIES LIES LIES
LIES LIES LIES LIES LIES LIES LIES LIES LIES LIES LIES LIES LIES
LIES LIES LIES LIES LIES LIES LIES LIES LIES LIES LIES LIES LIES
LIES LIES LIES LIES LIES LIES LIES LIES LIES LIES LIES LIES LIES
LIES LIES LIES LIES LIES LIES LIES LIES LIES LIES LIES LIES LIES
LIES LIES LIES LIES LIES LIES LIES LIES LIES LIES LIES LIES LIES
LIES LIES LIES LIES LIES LIES LIES LIES LIES LIES LIES LIES LIES
LIES LIES LIES LIES LIES LIES LIES LIES LIES LIES LIES LIES LIES
LIES LIES LIES LIES LIES LIES LIES LIES LIES LIES LIES LIES LIES
LIES LIES LIES LIES LIES LIES LIES LIES LIES LIES LIES LIES LIES
LIES LIES LIES LIES LIES LIES LIES LIES LIES LIES LIES LIES LIES
LIES LIES LIES LIES LIES LIES LIES LIES LIES LIES LIES LIES LIES
LIES LIES LIES LIES LIES LIES LIES LIES LIES LIES LIES LIES LIES
LIES LIES LIES LIES LIES LIES LIES LIES LIES LIES LIES LIES LIES
LIES LIES LIES LIES LIES LIES LIES LIES LIES LIES LIES LIES LIES
LIES LIES LIES LIES LIES LIES LIES LIES LIES LIES LIES LIES LIES
LIES LIES LIES LIES LIES LIES LIES LIES LIES LIES LIES LIES LIES
LIES LIES LIES LIES LIES LIES LIES LIES LIES LIES LIES LIES LIES
LIES LIES LIES LIES LIES LIES LIES LIES LIES LIES LIES LIES LIES
LIES LIES LIES LIES LIES LIES LIES LIES LIES LIES LIES LIES LIES

LIES LIES LIES LIES LIES LIES LIES LIES LIES LIES LIES LIES LIES
LIES LIES LIES LIES LIES LIES LIES LIES LIES LIES LIES LIES LIES
LIES LIES LIES LIES LIES LIES LIES LIES LIES LIES LIES LIES LIES
LIES LIES LIES LIES LIES LIES LIES LIES LIES LIES LIES LIES LIES
LIES LIES LIES LIES LIES LIES LIES LIES LIES LIES LIES LIES LIES
LIES LIES LIES LIES LIES LIES LIES LIES LIES LIES LIES LIES LIES
LIES LIES LIES LIES LIES LIES LIES LIES LIES LIES LIES LIES LIES
LIES LIES LIES LIES LIES LIES LIES LIES LIES LIES LIES LIES LIES
LIES LIES LIES LIES LIES LIES LIES LIES LIES LIES LIES LIES LIES
LIES LIES LIES LIES LIES LIES LIES LIES LIES LIES LIES LIES LIES
LIES LIES LIES LIES LIES LIES LIES LIES LIES LIES LIES LIES LIES
LIES LIES LIES LIES LIES LIES LIES LIES LIES LIES LIES LIES LIES
LIES LIES LIES LIES LIES LIES LIES LIES LIES LIES LIES LIES LIES
LIES LIES LIES LIES LIES LIES LIES LIES LIES LIES LIES LIES LIES
LIES LIES LIES LIES LIES LIES LIES LIES LIES LIES LIES LIES LIES
LIES LIES LIES LIES LIES LIES LIES LIES LIES LIES LIES LIES LIES
LIES LIES LIES LIES LIES LIES LIES LIES LIES LIES LIES LIES LIES
LIES LIES LIES LIES LIES LIES LIES LIES LIES LIES LIES LIES LIES
LIES LIES LIES LIES LIES LIES LIES LIES LIES LIES LIES LIES LIES
LIES LIES LIES LIES LIES LIES LIES LIES LIES LIES LIES LIES LIES
LIES LIES LIES LIES LIES LIES LIES LIES LIES LIES LIES LIES LIES
LIES LIES LIES LIES LIES LIES LIES LIES LIES LIES LIES LIES LIES
LIES LIES LIES LIES LIES LIES LIES LIES LIES LIES LIES LIES LIES
LIES LIES LIES LIES LIES LIES LIES LIES LIES LIES LIES LIES LIES
LIES LIES LIES LIES LIES LIES LIES LIES LIES LIES LIES LIES LIES
LIES LIES LIES LIES LIES LIES LIES LIES LIES LIES LIES LIES LIES
LIES LIES LIES LIES LIES LIES LIES LIES LIES LIES LIES LIES LIES
LIES LIES LIES LIES LIES LIES LIES LIES LIES LIES LIES LIES LIES
LIES LIES LIES LIES LIES LIES LIES LIES LIES LIES LIES LIES LIES
LIES LIES LIES LIES LIES LIES LIES LIES LIES LIES LIES LIES LIES
LIES LIES LIES LIES LIES LIES LIES LIES LIES LIES LIES LIES LIES
LIES LIES LIES LIES LIES LIES LIES LIES LIES LIES LIES LIES LIES
LIES LIES LIES LIES LIES LIES LIES LIES LIES LIES LIES LIES LIES
LIES LIES LIES LIES LIES LIES LIES LIES LIES LIES LIES LIES LIES
LIES LIES LIES LIES LIES LIES LIES LIES LIES LIES LIES LIES LIES
LIES LIES LIES LIES LIES LIES LIES LIES LIES LIES LIES LIES LIES
LIES LIES LIES LIES LIES LIES LIES LIES LIES LIES LIES LIES LIES
LIES LIES LIES LIES LIES LIES LIES LIES LIES LIES LIES LIES LIES
LIES LIES LIES LIES LIES LIES LIES LIES LIES LIES LIES LIES LIES
LIES LIES LIES LIES LIES LIES LIES LIES LIES LIES LIES LIES LIES
LIES LIES LIES LIES LIES LIES LIES LIES LIES LIES LIES LIES LIES

LIES LIES LIES LIES LIES LIES LIES LIES LIES LIES LIES LIES LIES LIES
LIES LIES LIES LIES LIES LIES LIES LIES LIES LIES LIES LIES LIES LIES
LIES LIES LIES LIES LIES LIES LIES LIES LIES LIES LIES LIES LIES LIES
LIES LIES LIES LIES LIES LIES LIES LIES LIES LIES LIES LIES LIES LIES
LIES LIES LIES LIES LIES LIES LIES LIES LIES LIES LIES LIES LIES LIES
LIES LIES LIES LIES LIES LIES LIES LIES LIES LIES LIES LIES LIES LIES
LIES LIES LIES LIES LIES LIES LIES LIES LIES LIES LIES LIES LIES LIES
LIES LIES LIES LIES LIES LIES LIES LIES LIES LIES LIES LIES LIES LIES
LIES LIES LIES LIES LIES LIES LIES LIES LIES LIES LIES LIES LIES LIES
LIES LIES LIES LIES LIES LIES LIES LIES LIES LIES LIES LIES LIES LIES
LIES LIES LIES LIES LIES LIES LIES LIES LIES LIES LIES LIES LIES LIES
LIES LIES LIES LIES LIES LIES LIES LIES LIES LIES LIES LIES LIES LIES
LIES LIES LIES LIES LIES LIES LIES LIES LIES LIES LIES LIES LIES LIES
LIES LIES LIES LIES LIES LIES LIES LIES LIES LIES LIES LIES LIES LIES
LIES LIES LIES LIES LIES LIES LIES LIES LIES LIES LIES LIES LIES LIES
LIES LIES LIES LIES LIES LIES LIES LIES LIES LIES LIES LIES LIES LIES
LIES LIES LIES LIES LIES LIES LIES LIES LIES LIES LIES LIES LIES LIES
LIES LIES LIES LIES LIES LIES LIES LIES LIES LIES LIES LIES LIES LIES
LIES LIES LIES LIES LIES LIES LIES LIES LIES LIES LIES LIES LIES LIES
LIES LIES LIES LIES LIES LIES LIES LIES LIES LIES LIES LIES LIES LIES
LIES LIES LIES LIES LIES LIES LIES LIES LIES LIES LIES LIES LIES LIES
LIES LIES LIES LIES LIES LIES LIES LIES LIES LIES LIES LIES LIES LIES
LIES LIES LIES LIES LIES LIES LIES LIES LIES LIES LIES LIES LIES LIES
LIES LIES LIES LIES LIES LIES LIES LIES LIES LIES LIES LIES LIES LIES
LIES LIES LIES LIES LIES LIES LIES LIES LIES LIES LIES LIES LIES LIES
LIES LIES LIES LIES LIES LIES LIES LIES LIES LIES LIES LIES LIES LIES
LIES LIES LIES LIES LIES LIES LIES LIES LIES LIES LIES LIES LIES LIES
LIES LIES LIES LIES LIES LIES LIES LIES LIES LIES LIES LIES LIES LIES
LIES LIES LIES LIES LIES LIES LIES LIES LIES LIES LIES LIES LIES LIES
LIES LIES LIES LIES LIES LIES LIES LIES LIES LIES LIES LIES LIES LIES
LIES LIES LIES LIES LIES LIES LIES LIES LIES LIES LIES LIES LIES LIES
LIES LIES LIES LIES LIES LIES LIES LIES LIES LIES LIES LIES LIES LIES
LIES LIES LIES LIES LIES LIES LIES LIES LIES LIES LIES LIES LIES LIES
LIES LIES LIES LIES LIES LIES LIES LIES LIES LIES LIES LIES LIES LIES
LIES LIES LIES LIES LIES LIES LIES LIES LIES LIES LIES LIES LIES LIES
LIES LIES LIES LIES LIES LIES LIES LIES LIES LIES LIES LIES LIES LIES
LIES LIES LIES LIES LIES LIES LIES LIES LIES LIES LIES LIES LIES LIES
LIES LIES LIES LIES LIES LIES LIES LIES LIES LIES LIES LIES LIES LIES
LIES LIES LIES LIES LIES LIES LIES LIES LIES LIES LIES LIES LIES LIES
LIES LIES LIES LIES LIES LIES LIES LIES LIES LIES LIES LIES LIES LIES

LIES LIES LIES LIES LIES LIES LIES LIES LIES LIES LIES LIES LIES LIES
LIES LIES LIES LIES LIES LIES LIES LIES LIES LIES LIES LIES LIES LIES
LIES LIES LIES LIES LIES LIES LIES LIES LIES LIES LIES LIES LIES LIES
LIES LIES LIES LIES LIES LIES LIES LIES LIES LIES LIES LIES LIES LIES
LIES LIES LIES LIES LIES LIES LIES LIES LIES LIES LIES LIES LIES LIES
LIES LIES LIES LIES LIES LIES LIES LIES LIES LIES LIES LIES LIES LIES
LIES LIES LIES LIES LIES LIES LIES LIES LIES LIES LIES LIES LIES LIES
LIES LIES LIES LIES LIES LIES LIES LIES LIES LIES LIES LIES LIES LIES
LIES LIES LIES LIES LIES LIES LIES LIES LIES LIES LIES LIES LIES LIES
LIES LIES LIES LIES LIES LIES LIES LIES LIES LIES LIES LIES LIES LIES
LIES LIES LIES LIES LIES LIES LIES LIES LIES LIES LIES LIES LIES LIES
LIES LIES LIES LIES LIES LIES LIES LIES LIES LIES LIES LIES LIES LIES
LIES LIES LIES LIES LIES LIES LIES LIES LIFS LIES LIES LIES LIES LIES
LIES LIES LIES LIES LIES LIES LIES LIES LIES LIES LIES LIES LIES LIES
LIES LIES LIES LIES LIES LIES LIES LIES LIES LIES LIES LIES LIES LIES
LIES LIES LIES LIES LIES LIES LIES LIES LIES LIES LIES LIES LIES LIES
LIES LIES LIES LIES LIES LIES LIES LIES LIES LIES LIES LIES LIES LIES
LIES LIES LIES LIES LIES LIES LIES LIES LIES LIES LIES LIES LIES LIES
LIES LIES LIES LIES LIES LIES LIES LIES LIES LIES LIES LIES LIES LIES
LIES LIES LIES LIES LIES LIES LIES LIES LIES LIES LIES LIES LIES LIES
LIES LIES LIES LIES LIES LIES LIES LIES LIES LIES LIES LIES LIES LIES
LIES LIES LIES LIES LIES LIES LIES LIES LIES LIES LIES LIES LIES LIES
LIES LIES LIES LIES LIES LIES LIES LIES LIES LIES LIES LIES LIES LIES
LIES LIES LIES LIES LIES LIES LIES LIES LIES LIES LIES LIES LIES LIES
LIES LIES LIES LIES LIES LIES LIES LIES LIES LIES LIES LIES LIES LIES
LIES LIES LIES LIES LIES LIES LIES LIES LIES LIES LIES LIES LIES LIES
LIES LIES LIES LIES LIES LIES LIES LIES LIES LIES LIES LIES LIES LIES
LIES LIES LIES LIES LIES LIES LIES LIES LIES LIES LIES LIES LIES LIES
LIES LIES LIES LIES LIES LIES LIES LIES LIES LIES LIES LIES LIES LIES
LIES LIES LIES LIES LIES LIES LIES LIES LIES LIES LIES LIES LIES LIES
LIES LIES LIES LIES LIES LIES LIES LIES LIES LIES LIES LIES LIES LIES
LIES LIES LIES LIES LIES LIES LIES LIES LIES LIES LIES LIES LIES LIES
LIES LIES LIES LIES LIES LIES LIES LIES LIES LIES LIES LIES LIES LIES
LIES LIES LIES LIES LIES LIES LIES LIES LIES LIES LIES LIES LIES LIES
LIES LIES LIES LIES LIES LIES LIES LIES LIES LIES LIES LIES LIES LIES
LIES LIES LIES LIES LIES LIES LIES LIES LIES LIES LIES LIES LIES LIES
LIES LIES LIES LIES LIES LIES LIES LIES LIES LIES LIES LIES LIES LIES
LIES LIES LIES LIES LIES LIES LIES LIES LIES LIES LIES LIES LIES LIES
LIES LIES LIES LIES LIES LIES LIES LIES LIES LIES LIES LIES LIES LIES

LIES LIES LIES LIES LIES LIES LIES LIES LIES LIES LIES LIES LIES LIES
LIES LIES LIES LIES LIES LIES LIES LIES LIES LIES LIES LIES LIES LIES
LIES LIES LIES LIES LIES LIES LIES LIES LIES LIES LIES LIES LIES LIES
LIES LIES LIES LIES LIES LIES LIES LIES LIES LIES LIES LIES LIES LIES
LIES LIES LIES LIES LIES LIES LIES LIES LIES LIES LIES LIES LIES LIES
LIES LIES LIES LIES LIES LIES LIES LIES LIES LIES LIES LIES LIES LIES
LIES LIES LIES LIES LIES LIES LIES LIES LIES LIES LIES LIES LIES LIES
LIES LIES LIES LIES LIES LIES LIES LIES LIES LIES LIES LIES LIES LIES
LIES LIES LIES LIES LIES LIES LIES LIES LIES LIES LIES LIES LIES LIES
LIES LIES LIES LIES LIES LIES LIES LIES LIES LIES LIES LIES LIES LIES
LIES LIES LIES LIES LIES LIES LIES LIES LIES LIES LIES LIES LIES LIES
LIES LIES LIES LIES LIES LIES LIES LIES LIES LIES LIES LIES LIES LIES
LIES LIES LIES LIES LIES LIES LIES LIES LIES LIES LIES LIES LIES LIES
LIES LIES LIES LIES LIES LIES LIES LIES LIES LIES LIES LIES LIES LIES
LIES LIES LIES LIES LIES LIES LIES LIES LIES LIES LIES LIES LIES LIES
LIES LIES LIES LIES LIES LIES LIES LIES LIES LIES LIES LIES LIES LIES
LIES LIES LIES LIES LIES LIES LIES LIES LIES LIES LIES LIES LIES LIES
LIES LIES LIES LIES LIES LIES LIES LIES LIES LIES LIES LIES LIES LIES
LIES LIES LIES LIES LIES LIES LIES LIES LIES LIES LIES LIES LIES LIES
LIES LIES LIES LIES LIES LIES LIES LIES LIES LIES LIES LIES LIES LIES
LIES LIES LIES LIES LIES LIES LIES LIES LIES LIES LIES LIES LIES LIES
LIES LIES LIES LIES LIES LIES LIES LIES LIES LIES LIES LIES LIES LIES
LIES LIES LIES LIES LIES LIES LIES LIES LIES LIES LIES LIES LIES LIES
LIES LIES LIES LIES LIES LIES LIES LIES LIES LIES LIES LIES LIES LIES
LIES LIES LIES LIES LIES LIES LIES LIES LIES LIES LIES LIES LIES LIES
LIES LIES LIES LIES LIES LIES LIES LIES LIES LIES LIES LIES LIES LIES
LIES LIES LIES LIES LIES LIES LIES LIES LIES LIES LIES LIES LIES LIES
LIES LIES LIES LIES LIES LIES LIES LIES LIES LIES LIES LIES LIES LIES
LIES LIES LIES LIES LIES LIES LIES LIES LIES LIES LIES LIES LIES LIES
LIES LIES LIES LIES LIES LIES LIES LIES LIES LIES LIES LIES LIES LIES
LIES LIES LIES LIES LIES LIES LIES LIES LIES LIES LIES LIES LIES LIES
LIES LIES LIES LIES LIES LIES LIES LIES LIES LIES LIES LIES LIES LIES
LIES LIES LIES LIES LIES LIES LIES LIES LIES LIES LIES LIES LIES LIES
LIES LIES LIES LIES LIES LIES LIES LIES LIES LIES LIES LIES LIES LIES
LIES LIES LIES LIES LIES LIES LIES LIES LIES LIES LIES LIES LIES LIES
LIES LIES LIES LIES LIES LIES LIES LIES LIES LIES LIES LIES LIES LIES
LIES LIES LIES LIES LIES LIES LIES LIES LIES LIES LIES LIES LIES LIES
LIES LIES LIES LIES LIES LIES LIES LIES LIES LIES LIES LIES LIES LIES
LIES LIES LIES LIES LIES LIES LIES LIES LIES LIES LIES LIES LIES LIES
LIES LIES LIES LIES LIES LIES LIES LIES LIES LIES LIES LIES LIES LIES

LIES LIES LIES LIES LIES LIES LIES LIES LIES LIES LIES LIES LIES LIES
LIES LIES LIES LIES LIES LIES LIES LIES LIES LIES LIES LIES LIES LIES
LIES LIES LIES LIES LIES LIES LIES LIES LIES LIES LIES LIES LIES LIES
LIES LIES LIES LIES LIES LIES LIES LIES LIES LIES LIES LIES LIES LIES
LIES LIES LIES LIES LIES LIES LIES LIES LIES LIES LIES LIES LIES LIES
LIES LIES LIES LIES LIES LIES LIES LIES LIES LIES LIES LIES LIES LIES
LIES LIES LIES LIES LIES LIES LIES LIES LIES LIES LIES LIES LIES LIES
LIES LIES LIES LIES LIES LIES LIES LIES LIES LIES LIES LIES LIES LIES
LIES LIES LIES LIES LIES LIES LIES LIES LIES LIES LIES LIES LIES LIES
LIES LIES LIES LIES LIES LIES LIES LIES LIES LIES LIES LIES LIES LIES
LIES LIES LIES LIES LIES LIES LIES LIES LIES LIES LIES LIES LIES LIES
LIES LIES LIES LIES LIES LIES LIES LIES LIES LIES LIES LIES LIES LIES
LIES LIES LIES LIES LIES LIES LIES LIES LIES LIES LIES LIES LIES LIES
LIES LIES LIES LIES LIES LIES LIES LIES LIES LIES LIES LIES LIES LIES
LIES LIES LIES LIES LIES LIES LIES LIES LIES LIES LIES LIES LIES LIES
LIES LIES LIES LIES LIES LIES LIES LIES LIES LIES LIES LIES LIES LIES
LIES LIES LIES LIES LIES LIES LIES LIES LIES LIES LIES LIES LIES LIES
LIES LIES LIES LIES LIES LIES LIES LIES LIES LIES LIES LIES LIES LIES
LIES LIES LIES LIES LIES LIES LIES LIES LIES LIES LIES LIES LIES LIES
LIES LIES LIES LIES LIES LIES LIES LIES LIES LIES LIES LIES LIES LIES
LIES LIES LIES LIES LIES LIES LIES LIES LIES LIES LIES LIES LIES LIES
LIES LIES LIES LIES LIES LIES LIES LIES LIES LIES LIES LIES LIES LIES
LIES LIES LIES LIES LIES LIES LIES LIES LIES LIES LIES LIES LIES LIES
LIES LIES LIES LIES LIES LIES LIES LIES LIES LIES LIES LIES LIES LIES
LIES LIES LIES LIES LIES LIES LIES LIES LIES LIES LIES LIES LIES LIES
LIES LIES LIES LIES LIES LIES LIES LIES LIES LIES LIES LIES LIES LIES
LIES LIES LIES LIES LIES LIES LIES LIES LIES LIES LIES LIES LIES LIES
LIES LIES LIES LIES LIES LIES LIES LIES LIES LIES LIES LIES LIES LIES
LIES LIES LIES LIES LIES LIES LIES LIES LIES LIES LIES LIES LIES LIES
LIES LIES LIES LIES LIES LIES LIES LIES LIES LIES LIES LIES LIES LIES
LIES LIES LIES LIES LIES LIES LIES LIES LIES LIES LIES LIES LIES LIES
LIES LIES LIES LIES LIES LIES LIES LIES LIES LIES LIES LIES LIES LIES
LIES LIES LIES LIES LIES LIES LIES LIES LIES LIES LIES LIES LIES LIES
LIES LIES LIES LIES LIES LIES LIES LIES LIES LIES LIES LIES LIES LIES
LIES LIES LIES LIES LIES LIES LIES LIES LIES LIES LIES LIES LIES LIES
LIES LIES LIES LIES LIES LIES LIES LIES LIES LIES LIES LIES LIES LIES
LIES LIES LIES LIES LIES LIES LIES LIES LIES LIES LIES LIES LIES LIES
LIES LIES LIES LIES LIES LIES LIES LIES LIES LIES LIES LIES LIES LIES
LIES LIES LIES LIES LIES LIES LIES LIES LIES LIES LIES LIES LIES LIES
LIES LIES LIES LIES LIES LIES LIES LIES LIES LIES LIES LIES LIES LIES

LIES LIES LIES LIES LIES LIES LIES LIES LIES LIES LIES LIES LIES
LIES LIES LIES LIES LIES LIES LIES LIES LIES LIES LIES LIES LIES
LIES LIES LIES LIES LIES LIES LIES LIES LIES LIES LIES LIES LIES
LIES LIES LIES LIES LIES LIES LIES LIES LIES LIES LIES LIES LIES
LIES LIES LIES LIES LIES LIES LIES LIES LIES LIES LIES LIES LIES
LIES LIES LIES LIES LIES LIES LIES LIES LIES LIES LIES LIES LIES
LIES LIES LIES LIES LIES LIES LIES LIES LIES LIES LIES LIES LIES
LIES LIES LIES LIES LIES LIES LIES LIES LIES LIES LIES LIES LIES
LIES LIES LIES LIES LIES LIES LIES LIES LIES LIES LIES LIES LIES
LIES LIES LIES LIES LIES LIES LIES LIES LIES LIES LIES LIES LIES
LIES LIES LIES LIES LIES LIES LIES LIES LIES LIES LIES LIES LIES
LIES LIES LIES LIES LIES LIES LIES LIES LIES LIES LIES LIES LIES
LIES LIES LIES LIES LIES LIES LIES LIES LIES LIES LIES LIES LIES
LIES LIES LIES LIES LIES LIES LIES LIES LIES LIES LIES LIES LIES
LIES LIES LIES LIES LIES LIES LIES LIES LIES LIES LIES LIES LIES
LIES LIES LIES LIES LIES LIES LIES LIES LIES LIES LIES LIES LIES
LIES LIES LIES LIES LIES LIES LIES LIES LIES LIES LIES LIES LIES
LIES LIES LIES LIES LIES LIES LIES LIES LIES LIES LIES LIES LIES
LIES LIES LIES LIES LIES LIES LIES LIES LIES LIES LIES LIES LIES
LIES LIES LIES LIES LIES LIES LIES LIES LIES LIES LIES LIES LIES
LIES LIES LIES LIES LIES LIES LIES LIES LIES LIES LIES LIES LIES
LIES LIES LIES LIES LIES LIES LIES LIES LIES LIES LIES LIES LIES
LIES LIES LIES LIES LIES LIES LIES LIES LIES LIES LIES LIES LIES
LIES LIES LIES LIES LIES LIES LIES LIES LIES LIES LIES LIES LIES
LIES LIES LIES LIES LIES LIES LIES LIES LIES LIES LIES LIES LIES
LIES LIES LIES LIES LIES LIES LIES LIES LIES LIES LIES LIES LIES
LIES LIES LIES LIES LIES LIES LIES LIES LIES LIES LIES LIES LIES
LIES LIES LIES LIES LIES LIES LIES LIES LIES LIES LIES LIES LIES
LIES LIES LIES LIES LIES LIES LIES LIES LIES LIES LIES LIES LIES
LIES LIES LIES LIES LIES LIES LIES LIES LIES LIES LIES LIES LIES
LIES LIES LIES LIES LIES LIES LIES LIES LIES LIES LIES LIES LIES
LIES LIES LIES LIES LIES LIES LIES LIES LIES LIES LIES LIES LIES
LIES LIES LIES LIES LIES LIES LIES LIES LIES LIES LIES LIES LIES
LIES LIES LIES LIES LIES LIES LIES LIES LIES LIES LIES LIES LIES
LIES LIES LIES LIES LIES LIES LIES LIES LIES LIES LIES LIES LIES
LIES LIES LIES LIES LIES LIES LIES LIES LIES LIES LIES LIES LIES
LIES LIES LIES LIES LIES LIES LIES LIES LIES LIES LIES LIES LIES
LIES LIES LIES LIES LIES LIES LIES LIES LIES LIES LIES LIES LIES
LIES LIES LIES LIES LIES LIES LIES LIES LIES LIES LIES LIES LIES

LIES LIES LIES LIES LIES LIES LIES LIES LIES LIES LIES LIES LIES LIES
LIES LIES LIES LIES LIES LIES LIES LIES LIES LIES LIES LIES LIES LIES
LIES LIES LIES LIES LIES LIES LIES LIES LIES LIES LIES LIES LIES LIES
LIES LIES LIES LIES LIES LIES LIES LIES LIES LIES LIES LIES LIES LIES
LIES LIES LIES LIES LIES LIES LIES LIES LIES LIES LIES LIES LIES LIES
LIES LIES LIES LIES LIES LIES LIES LIES LIES LIES LIES LIES LIES LIES
LIES LIES LIES LIES LIES LIES LIES LIES LIES LIES LIES LIES LIES LIES
LIES LIES LIES LIES LIES LIES LIES LIES LIES LIES LIES LIES LIES LIES
LIES LIES LIES LIES LIES LIES LIES LIES LIES LIES LIES LIES LIES LIES
LIES LIES LIES LIES LIES LIES LIES LIES LIES LIES LIES LIES LIES LIES
LIES LIES LIES LIES LIES LIES LIES LIES LIES LIES LIES LIES LIES LIES
LIES LIES LIES LIES LIES LIES LIES LIES LIES LIES LIES LIES LIES LIES
LIES LIES LIES LIES LIES LIES LIES LIES LIES LIES LIES LIES LIES LIES
LIES LIES LIES LIES LIES LIES LIES LIES LIES LIES LIES LIES LIES LIES
LIES LIES LIES LIES LIES LIES LIES LIES LIES LIES LIES LIES LIES LIES
LIES LIES LIES LIES LIES LIES LIES LIES LIES LIES LIES LIES LIES LIES
LIES LIES LIES LIES LIES LIES LIES LIES LIES LIES LIES LIES LIES LIES
LIES LIES LIES LIES LIES LIES LIES LIES LIES LIES LIES LIES LIES LIES
LIES LIES LIES LIES LIES LIES LIES LIES LIES LIES LIES LIES LIES LIES
LIES LIES LIES LIES LIES LIES LIES LIES LIES LIES LIES LIES LIES LIES
LIES LIES LIES LIES LIES LIES LIES LIES LIES LIES LIES LIES LIES LIES
LIES LIES LIES LIES LIES LIES LIES LIES LIES LIES LIES LIES LIES LIES
LIES LIES LIES LIES LIES LIES LIES LIES LIES LIES LIES LIES LIES LIES
LIES LIES LIES LIES LIES LIES LIES LIES LIES LIES LIES LIES LIES LIES
LIES LIES LIES LIES LIES LIES LIES LIES LIES LIES LIES LIES LIES LIES
LIES LIES LIES LIES LIES LIES LIES LIES LIES LIES LIES LIES LIES LIES
LIES LIES LIES LIES LIES LIES LIES LIES LIES LIES LIES LIES LIES LIES
LIES LIES LIES LIES LIES LIES LIES LIES LIES LIES LIES LIES LIES LIES
LIES LIES LIES LIES LIES LIES LIES LIES LIES LIES LIES LIES LIES LIES
LIES LIES LIES LIES LIES LIES LIES LIES LIES LIES LIES LIES LIES LIES
LIES LIES LIES LIES LIES LIES LIES LIES LIES LIES LIES LIES LIES LIES
LIES LIES LIES LIES LIES LIES LIES LIES LIES LIES LIES LIES LIES LIES
LIES LIES LIES LIES LIES LIES LIES LIES LIES LIES LIES LIES LIES LIES
LIES LIES LIES LIES LIES LIES LIES LIES LIES LIES LIES LIES LIES LIES
LIES LIES LIES LIES LIES LIES LIES LIES LIES LIES LIES LIES LIES LIES
LIES LIES LIES LIES LIES LIES LIES LIES LIES LIES LIES LIES LIES LIES
LIES LIES LIES LIES LIES LIES LIES LIES LIES LIES LIES LIES LIES LIES
LIES LIES LIES LIES LIES LIES LIES LIES LIES LIES LIES LIES LIES LIES
LIES LIES LIES LIES LIES LIES LIES LIES LIES LIES LIES LIES LIES LIES
LIES LIES LIES LIES LIES LIES LIES LIES LIES LIES LIES LIES LIES LIES
LIES LIES LIES LIES LIES LIES LIES LIES LIES LIES LIES LIES LIES LIES
LIES LIES LIES LIES LIES LIES LIES LIES LIES LIES LIES LIES LIES LIES
LIES LIES LIES LIES LIES LIES LIES LIES LIES LIES LIES LIES LIES LIES

LIES LIES LIES LIES LIES LIES LIES LIES LIES LIES LIES LIES LIES
LIES LIES LIES LIES LIES LIES LIES LIES LIES LIES LIES LIES LIES
LIES LIES LIES LIES LIES LIES LIES LIES LIES LIES LIES LIES LIES
LIES LIES LIES LIES LIES LIES LIES LIES LIES LIES LIES LIES LIES
LIES LIES LIES LIES LIES LIES LIES LIES LIES LIES LIES LIES LIES
LIES LIES LIES LIES LIES LIES LIES LIES LIES LIES LIES LIES LIES
LIES LIES LIES LIES LIES LIES LIES LIES LIES LIES LIES LIES LIES
LIES LIES LIES LIES LIES LIES LIES LIES LIES LIES LIES LIES LIES
LIES LIES LIES LIES LIES LIES LIES LIES LIES LIES LIES LIES LIES
LIES LIES LIES LIES LIES LIES LIES LIES LIES LIES LIES LIES LIES
LIES LIES LIES LIES LIES LIES LIES LIES LIES LIES LIES LIES LIES
LIES LIES LIES LIES LIES LIES LIES LIES LIES LIES LIES LIES LIES
LIES LIES LIES LIES LIES LIES LIES LIES LIES LIES LIES LIES LIES
LIES LIES LIES LIES LIES LIES LIES LIES LIES LIES LIES LIES LIES
LIES LIES LIES LIES LIES LIES LIES LIES LIES LIES LIES LIES LIES
LIES LIES LIES LIES LIES LIES LIES LIES LIES LIES LIES LIES LIES
LIES LIES LIES LIES LIES LIES LIES LIES LIES LIES LIES LIES LIES
LIES LIES LIES LIES LIES LIES LIES LIES LIES LIES LIES LIES LIES
LIES LIES LIES LIES LIES LIES LIES LIES LIES LIES LIES LIES LIES
LIES LIES LIES LIES LIES LIES LIES LIES LIES LIES LIES LIES LIES
LIES LIES LIES LIES LIES LIES LIES LIES LIES LIES LIES LIES LIES
LIES LIES LIES LIES LIES LIES LIES LIES LIES LIES LIES LIES LIES
LIES LIES LIES LIES LIES LIES LIES LIES LIES LIES LIES LIES LIES
LIES LIES LIES LIES LIES LIES LIES LIES LIES LIES LIES LIES LIES
LIES LIES LIES LIES LIES LIES LIES LIES LIES LIES LIES LIES LIES
LIES LIES LIES LIES LIES LIES LIES LIES LIES LIES LIES LIES LIES
LIES LIES LIES LIES LIES LIES LIES LIES LIES LIES LIES LIES LIES
LIES LIES LIES LIES LIES LIES LIES LIES LIES LIES LIES LIES LIES
LIES LIES LIES LIES LIES LIES LIES LIES LIES LIES LIES LIES LIES
LIES LIES LIES LIES LIES LIES LIES LIES LIES LIES LIES LIES LIES
LIES LIES LIES LIES LIES LIES LIES LIES LIES LIES LIES LIES LIES
LIES LIES LIES LIES LIES LIES LIES LIES LIES LIES LIES LIES LIES
LIES LIES LIES LIES LIES LIES LIES LIES LIES LIES LIES LIES LIES
LIES LIES LIES LIES LIES LIES LIES LIES LIES LIES LIES LIES LIES
LIES LIES LIES LIES LIES LIES LIES LIES LIES LIES LIES LIES LIES
LIES LIES LIES LIES LIES LIES LIES LIES LIES LIES LIES LIES LIES
LIES LIES LIES LIES LIES LIES LIES LIES LIES LIES LIES LIES LIES
LIES LIES LIES LIES LIES LIES LIES LIES LIES LIES LIES LIES LIES
LIES LIES LIES LIES LIES LIES LIES LIES LIES LIES LIES LIES LIES
LIES LIES LIES LIES LIES LIES LIES LIES LIES LIES LIES LIES LIES

LIES LIES LIES LIES LIES LIES LIES LIES LIES LIES LIES LIES LIES LIES
LIES LIES LIES LIES LIES LIES LIES LIES LIES LIES LIES LIES LIES LIES
LIES LIES LIES LIES LIES LIES LIES LIES LIES LIES LIES LIES LIES LIES
LIES LIES LIES LIES LIES LIES LIES LIES LIES LIES LIES LIES LIES LIES
LIES LIES LIES LIES LIES LIES LIES LIES LIES LIES LIES LIES LIES LIES
LIES LIES LIES LIES LIES LIES LIES LIES LIES LIES LIES LIES LIES LIES
LIES LIES LIES LIES LIES LIES LIES LIES LIES LIES LIES LIES LIES LIES
LIES LIES LIES LIES LIES LIES LIES LIES LIES LIES LIES LIES LIES LIES
LIES LIES LIES LIES LIES LIES LIES LIES LIES LIES LIES LIES LIES LIES
LIES LIES LIES LIES LIES LIES LIES LIES LIES LIES LIES LIES LIES LIES
LIES LIES LIES LIES LIES LIES LIES LIES LIES LIES LIES LIES LIES LIES
LIES LIES LIES LIES LIES LIES LIES LIES LIES LIES LIES LIES LIES LIES
LIES LIES LIES LIES LIES LIES LIES LIES LIES LIES LIES LIES LIES LIES
LIES LIES LIES LIES LIES LIES LIES LIES LIES LIES LIES LIES LIES LIES
LIES LIES LIES LIES LIES LIES LIES LIES LIES LIES LIES LIES LIES LIES
LIES LIES LIES LIES LIES LIES LIES LIES LIES LIES LIES LIES LIES LIES
LIES LIES LIES LIES LIES LIES LIES LIES LIES LIES LIES LIES LIES LIES
LIES LIES LIES LIES LIES LIES LIES LIES LIES LIES LIES LIES LIES LIES
LIES LIES LIES LIES LIES LIES LIES LIES LIES LIES LIES LIES LIES LIES
LIES LIES LIES LIES LIES LIES LIES LIES LIES LIES LIES LIES LIES LIES
LIES LIES LIES LIES LIES LIES LIES LIES LIES LIES LIES LIES LIES LIES
LIES LIES LIES LIES LIES LIES LIES LIES LIES LIES LIES LIES LIES LIES
LIES LIES LIES LIES LIES LIES LIES LIES LIES LIES LIES LIES LIES LIES
LIES LIES LIES LIES LIES LIES LIES LIES LIES LIES LIES LIES LIES LIES
LIES LIES LIES LIES LIES LIES LIES LIES LIES LIES LIES LIES LIES LIES
LIES LIES LIES LIES LIES LIES LIES LIES LIES LIES LIES LIES LIES LIES
LIES LIES LIES LIES LIES LIES LIES LIES LIES LIES LIES LIES LIES LIES
LIES LIES LIES LIES LIES LIES LIES LIES LIES LIES LIES LIES LIES LIES
LIES LIES LIES LIES LIES LIES LIES LIES LIES LIES LIES LIES LIES LIES
LIES LIES LIES LIES LIES LIES LIES LIES LIES LIES LIES LIES LIES LIES
LIES LIES LIES LIES LIES LIES LIES LIES LIES LIES LIES LIES LIES LIES
LIES LIES LIES LIES LIES LIES LIES LIES LIES LIES LIES LIES LIES LIES
LIES LIES LIES LIES LIES LIES LIES LIES LIES LIES LIES LIES LIES LIES
LIES LIES LIES LIES LIES LIES LIES LIES LIES LIES LIES LIES LIES LIES
LIES LIES LIES LIES LIES LIES LIES LIES LIES LIES LIES LIES LIES LIES
LIES LIES LIES LIES LIES LIES LIES LIES LIES LIES LIES LIES LIES LIES
LIES LIES LIES LIES LIES LIES LIES LIES LIES LIES LIES LIES LIES LIES
LIES LIES LIES LIES LIES LIES LIES LIES LIES LIES LIES LIES LIES LIES
LIES LIES LIES LIES LIES LIES LIES LIES LIES LIES LIES LIES LIES LIES
LIES LIES LIES LIES LIES LIES LIES LIES LIES LIES LIES LIES LIES LIES
LIES LIES LIES LIES LIES LIES LIES LIES LIES LIES LIES LIES LIES LIES

LIES LIES LIES LIES LIES LIES LIES LIES LIES LIES LIES LIES LIES LIES
LIES LIES LIES LIES LIES LIES LIES LIES LIES LIES LIES LIES LIES LIES
LIES LIES LIES LIES LIES LIES LIES LIES LIES LIES LIES LIES LIES LIES
LIES LIES LIES LIES LIES LIES LIES LIES LIES LIES LIES LIES LIES LIES
LIES LIES LIES LIES LIES LIES LIES LIES LIES LIES LIES LIES LIES LIES
LIES LIES LIES LIES LIES LIES LIES LIES LIES LIES LIES LIES LIES LIES
LIES LIES LIES LIES LIES LIES LIES LIES LIES LIES LIES LIES LIES LIES
LIES LIES LIES LIES LIES LIES LIES LIES LIES LIES LIES LIES LIES LIES
LIES LIES LIES LIES LIES LIES LIES LIES LIES LIES LIES LIES LIES LIES
LIES LIES LIES LIES LIES LIES LIES LIES LIES LIES LIES LIES LIES LIES
LIES LIES LIES LIES LIES LIES LIES LIES LIES LIES LIES LIES LIES LIES
LIES LIES LIES LIES LIES LIES LIES LIES LIES LIES LIES LIES LIES LIES
LIES LIES LIES LIES LIES LIES LIES LIES LIES LIES LIES LIES LIES LIES
LIES LIES LIES LIES LIES LIES LIES LIES LIES LIES LIES LIES LIES LIES
LIES LIES LIES LIES LIES LIES LIES LIES LIES LIES LIES LIES LIES LIES
LIES LIES LIES LIES LIES LIES LIES LIES LIES LIES LIES LIES LIES LIES
LIES LIES LIES LIES LIES LIES LIES LIES LIES LIES LIES LIES LIES LIES
LIES LIES LIES LIES LIES LIES LIES LIES LIES LIES LIES LIES LIES LIES
LIES LIES LIES LIES LIES LIES LIES LIES LIES LIES LIES LIES LIES LIES
LIES LIES LIES LIES LIES LIES LIES LIES LIES LIES LIES LIES LIES LIES
LIES LIES LIES LIES LIES LIES LIES LIES LIES LIES LIES LIES LIES LIES
LIES LIES LIES LIES LIES LIES LIES LIES LIES LIES LIES LIES LIES LIES
LIES LIES LIES LIES LIES LIES LIES LIES LIES LIES LIES LIES LIES LIES
LIES LIES LIES LIES LIES LIES LIES LIES LIES LIES LIES LIES LIES LIES
LIES LIES LIES LIES LIES LIES LIES LIES LIES LIES LIES LIES LIES LIES
LIES LIES LIES LIES LIES LIES LIES LIES LIES LIES LIES LIES LIES LIES
LIES LIES LIES LIES LIES LIES LIES LIES LIES LIES LIES LIES LIES LIES
LIES LIES LIES LIES LIES LIES LIES LIES LIES LIES LIES LIES LIES LIES
LIES LIES LIES LIES LIES LIES LIES LIES LIES LIES LIES LIES LIES LIES
LIES LIES LIES LIES LIES LIES LIES LIES LIES LIES LIES LIES LIES LIES
LIES LIES LIES LIES LIES LIES LIES LIES LIES LIES LIES LIES LIES LIES
LIES LIES LIES LIES LIES LIES LIES LIES LIES LIES LIES LIES LIES LIES
LIES LIES LIES LIES LIES LIES LIES LIES LIES LIES LIES LIES LIES LIES
LIES LIES LIES LIES LIES LIES LIES LIES LIES LIES LIES LIES LIES LIES
LIES LIES LIES LIES LIES LIES LIES LIES LIES LIES LIES LIES LIES LIES
LIES LIES LIES LIES LIES LIES LIES LIES LIES LIES LIES LIES LIES LIES
LIES LIES LIES LIES LIES LIES LIES LIES LIES LIES LIES LIES LIES LIES
LIES LIES LIES LIES LIES LIES LIES LIES LIES LIES LIES LIES LIES LIES
LIES LIES LIES LIES LIES LIES LIES LIES LIES LIES LIES LIES LIES LIES
LIES LIES LIES LIES LIES LIES LIES LIES LIES LIES LIES LIES LIES LIES
LIES LIES LIES LIES LIES LIES LIES LIES LIES LIES LIES LIES LIES LIES
LIES LIES LIES LIES LIES LIES LIES LIES LIES LIES LIES LIES LIES LIES
LIES LIES LIES LIES LIES LIES LIES LIES LIES LIES LIES LIES LIES LIES
LIES LIES LIES LIES LIES LIES LIES LIES LIES LIES LIES LIES LIES LIES
LIES LIES LIES LIES LIES LIES LIES LIES LIES LIES LIES LIES LIES LIES
LIES LIES LIES LIES LIES LIES LIES LIES LIES LIES LIES LIES LIES LIES
LIES LIES LIES LIES LIES LIES LIES LIES LIES LIES LIES LIES LIES LIES

LIES LIES LIES LIES LIES LIES LIES LIES LIES LIES LIES LIES LIES LIES
LIES LIES LIES LIES LIES LIES LIES LIES LIES LIES LIES LIES LIES LIES
LIES LIES LIES LIES LIES LIES LIES LIES LIES LIES LIES LIES LIES LIES
LIES LIES LIES LIES LIES LIES LIES LIES LIES LIES LIES LIES LIES LIES
LIES LIES LIES LIES LIES LIES LIES LIES LIES LIES LIES LIES LIES LIES
LIES LIES LIES LIES LIES LIES LIES LIES LIES LIES LIES LIES LIES LIES
LIES LIES LIES LIES LIES LIES LIES LIES LIES LIES LIES LIES LIES LIES
LIES LIES LIES LIES LIES LIES LIES LIES LIES LIES LIES LIES LIES LIES
LIES LIES LIES LIES LIES LIES LIES LIES LIES LIES LIES LIES LIES LIES
LIES LIES LIES LIES LIES LIES LIES LIES LIES LIES LIES LIES LIES LIES
LIES LIES LIES LIES LIES LIES LIES LIES LIES LIES LIES LIES LIES LIES
LIES LIES LIES LIES LIES LIES LIES LIES LIES LIES LIES LIES LIES LIES
LIES LIES LIES LIES LIES LIES LIES LIES LIES LIES LIES LIES LIES LIES
LIES LIES LIES LIES LIES LIES LIES LIES LIES LIES LIES LIES LIES LIES
LIES LIES LIES LIES LIES LIES LIES LIES LIES LIES LIES LIES LIES LIES
LIES LIES LIES LIES LIES LIES LIES LIES LIES LIES LIES LIES LIES LIES
LIES LIES LIES LIES LIES LIES LIES LIES LIES LIES LIES LIES LIES LIES
LIES LIES LIES LIES LIES LIES LIES LIES LIES LIES LIES LIES LIES LIES
LIES LIES LIES LIES LIES LIES LIES LIES LIES LIES LIES LIES LIES LIES
LIES LIES LIES LIES LIES LIES LIES LIES LIES LIES LIES LIES LIES LIES
LIES LIES LIES LIES LIES LIES LIES LIES LIES LIES LIES LIES LIES LIES
LIES LIES LIES LIES LIES LIES LIES LIES LIES LIES LIES LIES LIES LIES
LIES LIES LIES LIES LIES LIES LIES LIES LIES LIES LIES LIES LIES LIES
LIES LIES LIES LIES LIES LIES LIES LIES LIES LIES LIES LIES LIES LIES
LIES LIES LIES LIES LIES LIES LIES LIES LIES LIES LIES LIES LIES LIES
LIES LIES LIES LIES LIES LIES LIES LIES LIES LIES LIES LIES LIES LIES
LIES LIES LIES LIES LIES LIES LIES LIES LIES LIES LIES LIES LIES LIES
LIES LIES LIES LIES LIES LIES LIES LIES LIES LIES LIES LIES LIES LIES
LIES LIES LIES LIES LIES LIES LIES LIES LIES LIES LIES LIES LIES LIES
LIES LIES LIES LIES LIES LIES LIES LIES LIES LIES LIES LIES LIES LIES
LIES LIES LIES LIES LIES LIES LIES LIES LIES LIES LIES LIES LIES LIES
LIES LIES LIES LIES LIES LIES LIES LIES LIES LIES LIES LIES LIES LIES
LIES LIES LIES LIES LIES LIES LIES LIES LIES LIES LIES LIES LIES LIES
LIES LIES LIES LIES LIES LIES LIES LIES LIES LIES LIES LIES LIES LIES
LIES LIES LIES LIES LIES LIES LIES LIES LIES LIES LIES LIES LIES LIES
LIES LIES LIES LIES LIES LIES LIES LIES LIES LIES LIES LIES LIES LIES
LIES LIES LIES LIES LIES LIES LIES LIES LIES LIES LIES LIES LIES LIES
LIES LIES LIES LIES LIES LIES LIES LIES LIES LIES LIES LIES LIES LIES
LIES LIES LIES LIES LIES LIES LIES LIES LIES LIES LIES LIES LIES LIES
LIES LIES LIES LIES LIES LIES LIES LIES LIES LIES LIES LIES LIES LIES

LIES LIES LIES LIES LIES LIES LIES LIES LIES LIES LIES LIES LIES
LIES LIES LIES LIES LIES LIES LIES LIES LIES LIES LIES LIES LIES
LIES LIES LIES LIES LIES LIES LIES LIES LIES LIES LIES LIES LIES
LIES LIES LIES LIES LIES LIES LIES LIES LIES LIES LIES LIES LIES
LIES LIES LIES LIES LIES LIES LIES LIES LIES LIES LIES LIES LIES
LIES LIES LIES LIES LIES LIES LIES LIES LIES LIES LIES LIES LIES
LIES LIES LIES LIES LIES LIES LIES LIES LIES LIES LIES LIES LIES
LIES LIES LIES LIES LIES LIES LIES LIES LIES LIES LIES LIES LIES
LIES LIES LIES LIES LIES LIES LIES LIES LIES LIES LIES LIES LIES
LIES LIES LIES LIES LIES LIES LIES LIES LIES LIES LIES LIES LIES
LIES LIES LIES LIES LIES LIES LIES LIES LIES LIES LIES LIES LIES
LIES LIES LIES LIES LIES LIES LIES LIES LIES LIES LIES LIES LIES
LIES LIES LIES LIES LIES LIES LIES LIES LIES LIES LIES LIES LIES
LIES LIES LIES LIES LIES LIES LIES LIES LIES LIES LIES LIES LIES
LIES LIES LIES LIES LIES LIES LIES LIES LIES LIES LIES LIES LIES
LIES LIES LIES LIES LIES LIES LIES LIES LIES LIES LIES LIES LIES
LIES LIES LIES LIES LIES LIES LIES LIES LIES LIES LIES LIES LIES
LIES LIES LIES LIES LIES LIES LIES LIES LIES LIES LIES LIES LIES
LIES LIES LIES LIES LIES LIES LIES LIES LIES LIES LIES LIES LIES
LIES LIES LIES LIES LIES LIES LIES LIES LIES LIES LIES LIES LIES
LIES LIES LIES LIES LIES LIES LIES LIES LIES LIES LIES LIES LIES
LIES LIES LIES LIES LIES LIES LIES LIES LIES LIES LIES LIES LIES
LIES LIES LIES LIES LIES LIES LIES LIES LIES LIES LIES LIES LIES
LIES LIES LIES LIES LIES LIES LIES LIES LIES LIES LIES LIES LIES
LIES LIES LIES LIES LIES LIES LIES LIES LIES LIES LIES LIES LIES
LIES LIES LIES LIES LIES LIES LIES LIES LIES LIES LIES LIES LIES
LIES LIES LIES LIES LIES LIES LIES LIES LIES LIES LIES LIES LIES
LIES LIES LIES LIES LIES LIES LIES LIES LIES LIES LIES LIES LIES
LIES LIES LIES LIES LIES LIES LIES LIES LIES LIES LIES LIES LIES
LIES LIES LIES LIES LIES LIES LIES LIES LIES LIES LIES LIES LIES
LIES LIES LIES LIES LIES LIES LIES LIES LIES LIES LIES LIES LIES
LIES LIES LIES LIES LIES LIES LIES LIES LIES LIES LIES LIES LIES
LIES LIES LIES LIES LIES LIES LIES LIES LIES LIES LIES LIES LIES
LIES LIES LIES LIES LIES LIES LIES LIES LIES LIES LIES LIES LIES
LIES LIES LIES LIES LIES LIES LIES LIES LIES LIES LIES LIES LIES
LIES LIES LIES LIES LIES LIES LIES LIES LIES LIES LIES LIES LIES
LIES LIES LIES LIES LIES LIES LIES LIES LIES LIES LIES LIES LIES
LIES LIES LIES LIES LIES LIES LIES LIES LIES LIES LIES LIES LIES

LIES LIES LIES LIES LIES LIES LIES LIES LIES LIES LIES LIES LIES LIES
LIES LIES LIES LIES LIES LIES LIES LIES LIES LIES LIES LIES LIES LIES
LIES LIES LIES LIES LIES LIES LIES LIES LIES LIES LIES LIES LIES LIES
LIES LIES LIES LIES LIES LIES LIES LIES LIES LIES LIES LIES LIES LIES
LIES LIES LIES LIES LIES LIES LIES LIES LIES LIES LIES LIES LIES LIES
LIES LIES LIES LIES LIES LIES LIES LIES LIES LIES LIES LIES LIES LIES
LIES LIES LIES LIES LIES LIES LIES LIES LIES LIES LIES LIES LIES LIES
LIES LIES LIES LIES LIES LIES LIES LIES LIES LIES LIES LIES LIES LIES
LIES LIES LIES LIES LIES LIES LIES LIES LIES LIES LIES LIES LIES LIES
LIES LIES LIES LIES LIES LIES LIES LIES LIES LIES LIES LIES LIES LIES
LIES LIES LIES LIES LIES LIES LIES LIES LIES LIES LIES LIES LIES LIES
LIES LIES LIES LIES LIES LIES LIES LIES LIES LIES LIES LIES LIES LIES
LIES LIES LIES LIES LIES LIES LIES LIES LIES LIES LIES LIES LIES LIES
LIES LIES LIES LIES LIES LIES LIES LIES LIES LIES LIES LIES LIES LIES
LIES LIES LIES LIES LIES LIES LIES LIES LIES LIES LIES LIES LIES LIES
LIES LIES LIES LIES LIES LIES LIES LIES LIES LIES LIES LIES LIES LIES
LIES LIES LIES LIES LIES LIES LIES LIES LIES LIES LIES LIES LIES LIES
LIES LIES LIES LIES LIES LIES LIES LIES LIES LIES LIES LIES LIES LIES
LIES LIES LIES LIES LIES LIES LIES LIES LIES LIES LIES LIES LIES LIES
LIES LIES LIES LIES LIES LIES LIES LIES LIES LIES LIES LIES LIES LIES
LIES LIES LIES LIES LIES LIES LIES LIES LIES LIES LIES LIES LIES LIES
LIES LIES LIES LIES LIES LIES LIES LIES LIES LIES LIES LIES LIES LIES
LIES LIES LIES LIES LIES LIES LIES LIES LIES LIES LIES LIES LIES LIES
LIES LIES LIES LIES LIES LIES LIES LIES LIES LIES LIES LIES LIES LIES
LIES LIES LIES LIES LIES LIES LIES LIES LIES LIES LIES LIES LIES LIES
LIES LIES LIES LIES LIES LIES LIES LIES LIES LIES LIES LIES LIES LIES
LIES LIES LIES LIES LIES LIES LIES LIES LIES LIES LIES LIES LIES LIES
LIES LIES LIES LIES LIES LIES LIES LIES LIES LIES LIES LIES LIES LIES
LIES LIES LIES LIES LIES LIES LIES LIES LIES LIES LIES LIES LIES LIES
LIES LIES LIES LIES LIES LIES LIES LIES LIES LIES LIES LIES LIES LIES
LIES LIES LIES LIES LIES LIES LIES LIES LIES LIES LIES LIES LIES LIES
LIES LIES LIES LIES LIES LIES LIES LIES LIES LIES LIES LIES LIES LIES
LIES LIES LIES LIES LIES LIES LIES LIES LIES LIES LIES LIES LIES LIES
LIES LIES LIES LIES LIES LIES LIES LIES LIES LIES LIES LIES LIES LIES
LIES LIES LIES LIES LIES LIES LIES LIES LIES LIES LIES LIES LIES LIES
LIES LIES LIES LIES LIES LIES LIES LIES LIES LIES LIES LIES LIES LIES
LIES LIES LIES LIES LIES LIES LIES LIES LIES LIES LIES LIES LIES LIES
LIES LIES LIES LIES LIES LIES LIES LIES LIES LIES LIES LIES LIES LIES
LIES LIES LIES LIES LIES LIES LIES LIES LIES LIES LIES LIES LIES LIES

LIES LIES LIES LIES LIES LIES LIES LIES LIES LIES LIES LIES LIES LIES
LIES LIES LIES LIES LIES LIES LIES LIES LIES LIES LIES LIES LIES LIES
LIES LIES LIES LIES LIES LIES LIES LIES LIES LIES LIES LIES LIES LIES
LIES LIES LIES LIES LIES LIES LIES LIES LIES LIES LIES LIES LIES LIES
LIES LIES LIES LIES LIES LIES LIES LIES LIES LIES LIES LIES LIES LIES
LIES LIES LIES LIES LIES LIES LIES LIES LIES LIES LIES LIES LIES LIES
LIES LIES LIES LIES LIES LIES LIES LIES LIES LIES LIES LIES LIES LIES
LIES LIES LIES LIES LIES LIES LIES LIES LIES LIES LIES LIES LIES LIES
LIES LIES LIES LIES LIES LIES LIES LIES LIES LIES LIES LIES LIES LIES
LIES LIES LIES LIES LIES LIES LIES LIES LIES LIES LIES LIES LIES LIES
LIES LIES LIES LIES LIES LIES LIES LIES LIES LIES LIES LIES LIES LIES
LIES LIES LIES LIES LIES LIES LIES LIES LIES LIES LIES LIES LIES LIES
LIES LIES LIES LIES LIES LIES LIES LIES LIES LIES LIES LIES LIES LIES
LIES LIES LIES LIES LIES LIES LIES LIES LIES LIES LIES LIES LIES LIES
LIES LIES LIES LIES LIES LIES LIES LIES LIES LIES LIES LIES LIES LIES
LIES LIES LIES LIES LIES LIES LIES LIES LIES LIES LIES LIES LIES LIES
LIES LIES LIES LIES LIES LIES LIES LIES LIES LIES LIES LIES LIES LIES
LIES LIES LIES LIES LIES LIES LIES LIES LIES LIES LIES LIES LIES LIES
LIES LIES LIES LIES LIES LIES LIES LIES LIES LIES LIES LIES LIES LIES
LIES LIES LIES LIES LIES LIES LIES LIES LIES LIES LIES LIES LIES LIES
LIES LIES LIES LIES LIES LIES LIES LIES LIES LIES LIES LIES LIES LIES
LIES LIES LIES LIES LIES LIES LIES LIES LIES LIES LIES LIES LIES LIES
LIES LIES LIES LIES LIES LIES LIES LIES LIES LIES LIES LIES LIES LIES
LIES LIES LIES LIES LIES LIES LIES LIES LIES LIES LIES LIES LIES LIES
LIES LIES LIES LIES LIES LIES LIES LIES LIES LIES LIES LIES LIES LIES
LIES LIES LIES LIES LIES LIES LIES LIES LIES LIES LIES LIES LIES LIES
LIES LIES LIES LIES LIES LIES LIES LIES LIES LIES LIES LIES LIES LIES
LIES LIES LIES LIES LIES LIES LIES LIES LIES LIES LIES LIES LIES LIES
LIES LIES LIES LIES LIES LIES LIES LIES LIES LIES LIES LIES LIES LIES
LIES LIES LIES LIES LIES LIES LIES LIES LIES LIES LIES LIES LIES LIES
LIES LIES LIES LIES LIES LIES LIES LIES LIES LIES LIES LIES LIES LIES
LIES LIES LIES LIES LIES LIES LIES LIES LIES LIES LIES LIES LIES LIES
LIES LIES LIES LIES LIES LIES LIES LIES LIES LIES LIES LIES LIES LIES
LIES LIES LIES LIES LIES LIES LIES LIES LIES LIES LIES LIES LIES LIES
LIES LIES LIES LIES LIES LIES LIES LIES LIES LIES LIES LIES LIES LIES
LIES LIES LIES LIES LIES LIES LIES LIES LIES LIES LIES LIES LIES LIES
LIES LIES LIES LIES LIES LIES LIES LIES LIES LIES LIES LIES LIES LIES
LIES LIES LIES LIES LIES LIES LIES LIES LIES LIES LIES LIES LIES LIES
LIES LIES LIES LIES LIES LIES LIES LIES LIES LIES LIES LIES LIES LIES
LIES LIES LIES LIES LIES LIES LIES LIES LIES LIES LIES LIES LIES LIES

LIES LIES LIES LIES LIES LIES LIES LIES LIES LIES LIES LIES LIES LIES
LIES LIES LIES LIES LIES LIES LIES LIES LIES LIES LIES LIES LIES LIES
LIES LIES LIES LIES LIES LIES LIES LIES LIES LIES LIES LIES LIES LIES
LIES LIES LIES LIES LIES LIES LIES LIES LIES LIES LIES LIES LIES LIES
LIES LIES LIES LIES LIES LIES LIES LIES LIES LIES LIES LIES LIES LIES
LIES LIES LIES LIES LIES LIES LIES LIES LIES LIES LIES LIES LIES LIES
LIES LIES LIES LIES LIES LIES LIES LIES LIES LIES LIES LIES LIES LIES
LIES LIES LIES LIES LIES LIES LIES LIES LIES LIES LIES LIES LIES LIES
LIES LIES LIES LIES LIES LIES LIES LIES LIES LIES LIES LIES LIES LIES
LIES LIES LIES LIES LIES LIES LIES LIES LIES LIES LIES LIES LIES LIES
LIES LIES LIES LIES LIES LIES LIES LIES LIES LIES LIES LIES LIES LIES
LIES LIES LIES LIES LIES LIES LIES LIES LIES LIES LIES LIES LIES LIES
LIES LIES LIES LIES LIES LIES LIES LIES LIES LIES LIES LIES LIES LIES
LIES LIES LIES LIES LIES LIES LIES LIES LIES LIES LIES LIES LIES LIES
LIES LIES LIES LIES LIES LIES LIES LIES LIES LIES LIES LIES LIES LIES
LIES LIES LIES LIES LIES LIES LIES LIES LIES LIES LIES LIES LIES LIES
LIES LIES LIES LIES LIES LIES LIES LIES LIES LIES LIES LIES LIES LIES
LIES LIES LIES LIES LIES LIES LIES LIES LIES LIES LIES LIES LIES LIES
LIES LIES LIES LIES LIES LIES LIES LIES LIES LIES LIES LIES LIES LIES
LIES LIES LIES LIES LIES LIES LIES LIES LIES LIES LIES LIES LIES LIES
LIES LIES LIES LIES LIES LIES LIES LIES LIES LIES LIES LIES LIES LIES
LIES LIES LIES LIES LIES LIES LIES LIES LIES LIES LIES LIES LIES LIES
LIES LIES LIES LIES LIES LIES LIES LIES LIES LIES LIES LIES LIES LIES
LIES LIES LIES LIES LIES LIES LIES LIES LIES LIES LIES LIES LIES LIES
LIES LIES LIES LIES LIES LIES LIES LIES LIES LIES LIES LIES LIES LIES
LIES LIES LIES LIES LIES LIES LIES LIES LIES LIES LIES LIES LIES LIES
LIES LIES LIES LIES LIES LIES LIES LIES LIES LIES LIES LIES LIES LIES
LIES LIES LIES LIES LIES LIES LIES LIES LIES LIES LIES LIES LIES LIES
LIES LIES LIES LIES LIES LIES LIES LIES LIES LIES LIES LIES LIES LIES
LIES LIES LIES LIES LIES LIES LIES LIES LIES LIES LIES LIES LIES LIES
LIES LIES LIES LIES LIES LIES LIES LIES LIES LIES LIES LIES LIES LIES
LIES LIES LIES LIES LIES LIES LIES LIES LIES LIES LIES LIES LIES LIES
LIES LIES LIES LIES LIES LIES LIES LIES LIES LIES LIES LIES LIES LIES
LIES LIES LIES LIES LIES LIES LIES LIES LIES LIES LIES LIES LIES LIES
LIES LIES LIES LIES LIES LIES LIES LIES LIES LIES LIES LIES LIES LIES
LIES LIES LIES LIES LIES LIES LIES LIES LIES LIES LIES LIES LIES LIES
LIES LIES LIES LIES LIES LIES LIES LIES LIES LIES LIES LIES LIES LIES
LIES LIES LIES LIES LIES LIES LIES LIES LIES LIES LIES LIES LIES LIES
LIES LIES LIES LIES LIES LIES LIES LIES LIES LIES LIES LIES LIES LIES
LIES LIES LIES LIES LIES LIES LIES LIES LIES LIES LIES LIES LIES LIES
LIES LIES LIES LIES LIES LIES LIES LIES LIES LIES LIES LIES LIES LIES

LIES LIES LIES LIES LIES LIES LIES LIES LIES LIES LIES LIES LIES LIES
LIES LIES LIES LIES LIES LIES LIES LIES LIES LIES LIES LIES LIES LIES
LIES LIES LIES LIES LIES LIES LIES LIES LIES LIES LIES LIES LIES LIES
LIES LIES LIES LIES LIES LIES LIES LIES LIES LIES LIES LIES LIES LIES
LIES LIES LIES LIES LIES LIES LIES LIES LIES LIES LIES LIES LIES LIES
LIES LIES LIES LIES LIES LIES LIES LIES LIES LIES LIES LIES LIES LIES
LIES LIES LIES LIES LIES LIES LIES LIES LIES LIES LIES LIES LIES LIES
LIES LIES LIES LIES LIES LIES LIES LIES LIES LIES LIES LIES LIES LIES
LIES LIES LIES LIES LIES LIES LIES LIES LIES LIES LIES LIES LIES LIES
LIES LIES LIES LIES LIES LIES LIES LIES LIES LIES LIES LIES LIES LIES
LIES LIES LIES LIES LIES LIES LIES LIES LIES LIES LIES LIES LIES LIES
LIES LIES LIES LIES LIES LIES LIES LIES LIES LIES LIES LIES LIES LIES
LIES LIES LIES LIES LIES LIES LIES LIES LIES LIES LIES LIES LIES LIES
LIES LIES LIES LIES LIES LIES LIES LIES LIES LIES LIES LIES LIES LIES
LIES LIES LIES LIES LIES LIES LIES LIES LIES LIES LIES LIES LIES LIES
LIES LIES LIES LIES LIES LIES LIES LIES LIES LIES LIES LIES LIES LIES
LIES LIES LIES LIES LIES LIES LIES LIES LIES LIES LIES LIES LIES LIES
LIES LIES LIES LIES LIES LIES LIES LIES LIES LIES LIES LIES LIES LIES
LIES LIES LIES LIES LIES LIES LIES LIES LIES LIES LIES LIES LIES LIES
LIES LIES LIES LIES LIES LIES LIES LIES LIES LIES LIES LIES LIES LIES
LIES LIES LIES LIES LIES LIES LIES LIES LIES LIES LIES LIES LIES LIES
LIES LIES LIES LIES LIES LIES LIES LIES LIES LIES LIES LIES LIES LIES
LIES LIES LIES LIES LIES LIES LIES LIES LIES LIES LIES LIES LIES LIES
LIES LIES LIES LIES LIES LIES LIES LIES LIES LIES LIES LIES LIES LIES
LIES LIES LIES LIES LIES LIES LIES LIES LIES LIES LIES LIES LIES LIES
LIES LIES LIES LIES LIES LIES LIES LIES LIES LIES LIES LIES LIES LIES
LIES LIES LIES LIES LIES LIES LIES LIES LIES LIES LIES LIES LIES LIES
LIES LIES LIES LIES LIES LIES LIES LIES LIES LIES LIES LIES LIES LIES
LIES LIES LIES LIES LIES LIES LIES LIES LIES LIES LIES LIES LIES LIES
LIES LIES LIES LIES LIES LIES LIES LIES LIES LIES LIES LIES LIES LIES
LIES LIES LIES LIES LIES LIES LIES LIES LIES LIES LIES LIES LIES LIES
LIES LIES LIES LIES LIES LIES LIES LIES LIES LIES LIES LIES LIES LIES
LIES LIES LIES LIES LIES LIES LIES LIES LIES LIES LIES LIES LIES LIES
LIES LIES LIES LIES LIES LIES LIES LIES LIES LIES LIES LIES LIES LIES
LIES LIES LIES LIES LIES LIES LIES LIES LIES LIES LIES LIES LIES LIES
LIES LIES LIES LIES LIES LIES LIES LIES LIES LIES LIES LIES LIES LIES
LIES LIES LIES LIES LIES LIES LIES LIES LIES LIES LIES LIES LIES LIES
LIES LIES LIES LIES LIES LIES LIES LIES LIES LIES LIES LIES LIES LIES
LIES LIES LIES LIES LIES LIES LIES LIES LIES LIES LIES LIES LIES LIES
LIES LIES LIES LIES LIES LIES LIES LIES LIES LIES LIES LIES LIES LIES

LIES LIES LIES LIES LIES LIES LIES LIES LIES LIES LIES LIES LIES LIES
LIES LIES LIES LIES LIES LIES LIES LIES LIES LIES LIES LIES LIES LIES
LIES LIES LIES LIES LIES LIES LIES LIES LIES LIES LIES LIES LIES LIES
LIES LIES LIES LIES LIES LIES LIES LIES LIES LIES LIES LIES LIES LIES
LIES LIES LIES LIES LIES LIES LIES LIES LIES LIES LIES LIES LIES LIES
LIES LIES LIES LIES LIES LIES LIES LIES LIES LIES LIES LIES LIES LIES
LIES LIES LIES LIES LIES LIES LIES LIES LIES LIES LIES LIES LIES LIES
LIES LIES LIES LIES LIES LIES LIES LIES LIES LIES LIES LIES LIES LIES
LIES LIES LIES LIES LIES LIES LIES LIES LIES LIES LIES LIES LIES LIES
LIES LIES LIES LIES LIES LIES LIES LIES LIES LIES LIES LIES LIES LIES
LIES LIES LIES LIES LIES LIES LIES LIES LIES LIES LIES LIES LIES LIES
LIES LIES LIES LIES LIES LIES LIES LIES LIES LIES LIES LIES LIES LIES
LIES LIES LIES LIES LIES LIES LIES LIES LIES LIES LIES LIES LIES LIES
LIES LIES LIES LIES LIES LIES LIES LIES LIES LIES LIES LIES LIES LIES
LIES LIES LIES LIES LIES LIES LIES LIES LIES LIES LIES LIES LIES LIES
LIES LIES LIES LIES LIES LIES LIES LIES LIES LIES LIES LIES LIES LIES
LIES LIES LIES LIES LIES LIES LIES LIES LIES LIES LIES LIES LIES LIES
LIES LIES LIES LIES LIES LIES LIES LIES LIES LIES LIES LIES LIES LIES
LIES LIES LIES LIES LIES LIES LIES LIES LIES LIES LIES LIES LIES LIES
LIES LIES LIES LIES LIES LIES LIES LIES LIES LIES LIES LIES LIES LIES
LIES LIES LIES LIES LIES LIES LIES LIES LIES LIES LIES LIES LIES LIES
LIES LIES LIES LIES LIES LIES LIES LIES LIES LIES LIES LIES LIES LIES
LIES LIES LIES LIES LIES LIES LIES LIES LIES LIES LIES LIES LIES LIES
LIES LIES LIES LIES LIES LIES LIES LIES LIES LIES LIES LIES LIES LIES
LIES LIES LIES LIES LIES LIES LIES LIES LIES LIES LIES LIES LIES LIES
LIES LIES LIES LIES LIES LIES LIES LIES LIES LIES LIES LIES LIES LIES
LIES LIES LIES LIES LIES LIES LIES LIES LIES LIES LIES LIES LIES LIES
LIES LIES LIES LIES LIES LIES LIES LIES LIES LIES LIES LIES LIES LIES
LIES LIES LIES LIES LIES LIES LIES LIES LIES LIES LIES LIES LIES LIES
LIES LIES LIES LIES LIES LIES LIES LIES LIES LIES LIES LIES LIES LIES
LIES LIES LIES LIES LIES LIES LIES LIES LIES LIES LIES LIES LIES LIES
LIES LIES LIES LIES LIES LIES LIES LIES LIES LIES LIES LIES LIES LIES
LIES LIES LIES LIES LIES LIES LIES LIES LIES LIES LIES LIES LIES LIES
LIES LIES LIES LIES LIES LIES LIES LIES LIES LIES LIES LIES LIES LIES
LIES LIES LIES LIES LIES LIES LIES LIES LIES LIES LIES LIES LIES LIES
LIES LIES LIES LIES LIES LIES LIES LIES LIES LIES LIES LIES LIES LIES
LIES LIES LIES LIES LIES LIES LIES LIES LIES LIES LIES LIES LIES LIES
LIES LIES LIES LIES LIES LIES LIES LIES LIES LIES LIES LIES LIES LIES
LIES LIES LIES LIES LIES LIES LIES LIES LIES LIES LIES LIES LIES LIES
LIES LIES LIES LIES LIES LIES LIES LIES LIES LIES LIES LIES LIES LIES
LIES LIES LIES LIES LIES LIES LIES LIES LIES LIES LIES LIES LIES LIES
LIES LIES LIES LIES LIES LIES LIES LIES LIES LIES LIES LIES LIES LIES
LIES LIES LIES LIES LIES LIES LIES LIES LIES LIES LIES LIES LIES LIES

LIES LIES LIES LIES LIES LIES LIES LIES LIES LIES LIES LIES LIES LIES
LIES LIES LIES LIES LIES LIES LIES LIES LIES LIES LIES LIES LIES LIES
LIES LIES LIES LIES LIES LIES LIES LIES LIES LIES LIES LIES LIES LIES
LIES LIES LIES LIES LIES LIES LIES LIES LIES LIES LIES LIES LIES LIES
LIES LIES LIES LIES LIES LIES LIES LIES LIES LIES LIES LIES LIES LIES
LIES LIES LIES LIES LIES LIES LIES LIES LIES LIES LIES LIES LIES LIES
LIES LIES LIES LIES LIES LIES LIES LIES LIES LIES LIES LIES LIES LIES
LIES LIES LIES LIES LIES LIES LIES LIES LIES LIES LIES LIES LIES LIES
LIES LIES LIES LIES LIES LIES LIES LIES LIES LIES LIES LIES LIES LIES
LIES LIES LIES LIES LIES LIES LIES LIES LIES LIES LIES LIES LIES LIES
LIES LIES LIES LIES LIES LIES LIES LIES LIES LIES LIES LIES LIES LIES
LIES LIES LIES LIES LIES LIES LIES LIES LIES LIES LIES LIES LIES LIES
LIES LIES LIES LIES LIES LIES LIES LIES LIES LIES LIES LIES LIES LIES
LIES LIES LIES LIES LIES LIES LIES LIES LIES LIES LIES LIES LIES LIES
LIES LIES LIES LIES LIES LIES LIES LIES LIES LIES LIES LIES LIES LIES
LIES LIES LIES LIES LIES LIES LIES LIES LIES LIES LIES LIES LIES LIES
LIES LIES LIES LIES LIES LIES LIES LIES LIES LIES LIES LIES LIES LIES
LIES LIES LIES LIES LIES LIES LIES LIES LIES LIES LIES LIES LIES LIES
LIES LIES LIES LIES LIES LIES LIES LIES LIES LIES LIES LIES LIES LIES
LIES LIES LIES LIES LIES LIES LIES LIES LIES LIES LIES LIES LIES LIES
LIES LIES LIES LIES LIES LIES LIES LIES LIES LIES LIES LIES LIES LIES
LIES LIES LIES LIES LIES LIES LIES LIES LIES LIES LIES LIES LIES LIES
LIES LIES LIES LIES LIES LIES LIES LIES LIES LIES LIES LIES LIES LIES
LIES LIES LIES LIES LIES LIES LIES LIES LIES LIES LIES LIES LIES LIES
LIES LIES LIES LIES LIES LIES LIES LIES LIES LIES LIES LIES LIES LIES
LIES LIES LIES LIES LIES LIES LIES LIES LIES LIES LIES LIES LIES LIES
LIES LIES LIES LIES LIES LIES LIES LIES LIES LIES LIES LIES LIES LIES
LIES LIES LIES LIES LIES LIES LIES LIES LIES LIES LIES LIES LIES LIES
LIES LIES LIES LIES LIES LIES LIES LIES LIES LIES LIES LIES LIES LIES
LIES LIES LIES LIES LIES LIES LIES LIES LIES LIES LIES LIES LIES LIES
LIES LIES LIES LIES LIES LIES LIES LIES LIES LIES LIES LIES LIES LIES
LIES LIES LIES LIES LIES LIES LIES LIES LIES LIES LIES LIES LIES LIES
LIES LIES LIES LIES LIES LIES LIES LIES LIES LIES LIES LIES LIES LIES
LIES LIES LIES LIES LIES LIES LIES LIES LIES LIES LIES LIES LIES LIES
LIES LIES LIES LIES LIES LIES LIES LIES LIES LIES LIES LIES LIES LIES
LIES LIES LIES LIES LIES LIES LIES LIES LIES LIES LIES LIES LIES LIES
LIES LIES LIES LIES LIES LIES LIES LIES LIES LIES LIES LIES LIES LIES
LIES LIES LIES LIES LIES LIES LIES LIES LIES LIES LIES LIES LIES LIES
LIES LIES LIES LIES LIES LIES LIES LIES LIES LIES LIES LIES LIES LIES

LIES LIES LIES LIES LIES LIES LIES LIES LIES LIES LIES LIES LIES
LIES LIES LIES LIES LIES LIES LIES LIES LIES LIES LIES LIES LIES
LIES LIES LIES LIES LIES LIES LIES LIES LIES LIES LIES LIES LIES
LIES LIES LIES LIES LIES LIES LIES LIES LIES LIES LIES LIES LIES
LIES LIES LIES LIES LIES LIES LIES LIES LIES LIES LIES LIES LIES
LIES LIES LIES LIES LIES LIES LIES LIES LIES LIES LIES LIES LIES
LIES LIES LIES LIES LIES LIES LIES LIES LIES LIES LIES LIES LIES
LIES LIES LIES LIES LIES LIES LIES LIES LIES LIES LIES LIES LIES
LIES LIES LIES LIES LIES LIES LIES LIES LIES LIES LIES LIES LIES
LIES LIES LIES LIES LIES LIES LIES LIES LIES LIES LIES LIES LIES
LIES LIES LIES LIES LIES LIES LIES LIES LIES LIES LIES LIES LIES
LIES LIES LIES LIES LIES LIES LIES LIES LIES LIES LIES LIES LIES
LIES LIES LIES LIES LIES LIES LIES LIES LIES LIES LIES LIES LIES
LIES LIES LIES LIES LIES LIES LIES LIES LIES LIES LIES LIES LIES
LIES LIES LIES LIES LIES LIES LIES LIES LIES LIES LIES LIES LIES
LIES LIES LIES LIES LIES LIES LIES LIES LIES LIES LIES LIES LIES
LIES LIES LIES LIES LIES LIES LIES LIES LIES LIES LIES LIES LIES
LIES LIES LIES LIES LIES LIES LIES LIES LIES LIES LIES LIES LIES
LIES LIES LIES LIES LIES LIES LIES LIES LIES LIES LIES LIES LIES
LIES LIES LIES LIES LIES LIES LIES LIES LIES LIES LIES LIES LIES
LIES LIES LIES LIES LIES LIES LIES LIES LIES LIES LIES LIES LIES
LIES LIES LIES LIES LIES LIES LIES LIES LIES LIES LIES LIES LIES
LIES LIES LIES LIES LIES LIES LIES LIES LIES LIES LIES LIES LIES
LIES LIES LIES LIES LIES LIES LIES LIES LIES LIES LIES LIES LIES
LIES LIES LIES LIES LIES LIES LIES LIES LIES LIES LIES LIES LIES
LIES LIES LIES LIES LIES LIES LIES LIES LIES LIES LIES LIES LIES
LIES LIES LIES LIES LIES LIES LIES LIES LIES LIES LIES LIES LIES
LIES LIES LIES LIES LIES LIES LIES LIES LIES LIES LIES LIES LIES
LIES LIES LIES LIES LIES LIES LIES LIES LIES LIES LIES LIES LIES
LIES LIES LIES LIES LIES LIES LIES LIES LIES LIES LIES LIES LIES
LIES LIES LIES LIES LIES LIES LIES LIES LIES LIES LIES LIES LIES
LIES LIES LIES LIES LIES LIES LIES LIES LIES LIES LIES LIES LIES
LIES LIES LIES LIES LIES LIES LIES LIES LIES LIES LIES LIES LIES
LIES LIES LIES LIES LIES LIES LIES LIES LIES LIES LIES LIES LIES
LIES LIES LIES LIES LIES LIES LIES LIES LIES LIES LIES LIES LIES
LIES LIES LIES LIES LIES LIES LIES LIES LIES LIES LIES LIES LIES
LIES LIES LIES LIES LIES LIES LIES LIES LIES LIES LIES LIES LIES
LIES LIES LIES LIES LIES LIES LIES LIES LIES LIES LIES LIES LIES
LIES LIES LIES LIES LIES LIES LIES LIES LIES LIES LIES LIES LIES
LIES LIES LIES LIES LIES LIES LIES LIES LIES LIES LIES LIES LIES
LIES LIES LIES LIES LIES LIES LIES LIES LIES LIES LIES LIES LIES
LIES LIES LIES LIES LIES LIES LIES LIES LIES LIES LIES LIES LIES

LIES LIES LIES LIES LIES LIES LIES LIES LIES LIES LIES LIES LIES LIES
LIES LIES LIES LIES LIES LIES LIES LIES LIES LIES LIES LIES LIES LIES
LIES LIES LIES LIES LIES LIES LIES LIES LIES LIES LIES LIES LIES LIES
LIES LIES LIES LIES LIES LIES LIES LIES LIES LIES LIES LIES LIES LIES
LIES LIES LIES LIES LIES LIES LIES LIES LIES LIES LIES LIES LIES LIES
LIES LIES LIES LIES LIES LIES LIES LIES LIES LIES LIES LIES LIES LIES
LIES LIES LIES LIES LIES LIES LIES LIES LIES LIES LIES LIES LIES LIES
LIES LIES LIES LIES LIES LIES LIES LIES LIES LIES LIES LIES LIES LIES
LIES LIES LIES LIES LIES LIES LIES LIES LIES LIES LIES LIES LIES LIES
LIES LIES LIES LIES LIES LIES LIES LIES LIES LIES LIES LIES LIES LIES
LIES LIES LIES LIES LIES LIES LIES LIES LIES LIES LIES LIES LIES LIES
LIES LIES LIES LIES LIES LIES LIES LIES LIES LIES LIES LIES LIES LIES
LIES LIES LIES LIES LIES LIES LIES LIES LIES LIES LIES LIES LIES LIES
LIES LIES LIES LIES LIES LIES LIES LIES LIES LIES LIES LIES LIES LIES
LIES LIES LIES LIES LIES LIES LIES LIES LIES LIES LIES LIES LIES LIES
LIES LIES LIES LIES LIES LIES LIES LIES LIES LIES LIES LIES LIES LIES
LIES LIES LIES LIES LIES LIES LIES LIES LIES LIES LIES LIES LIES LIES
LIES LIES LIES LIES LIES LIES LIES LIES LIES LIES LIES LIES LIES LIES
LIES LIES LIES LIES LIES LIES LIES LIES LIES LIES LIES LIES LIES LIES
LIES LIES LIES LIES LIES LIES LIES LIES LIES LIES LIES LIES LIES LIES
LIES LIES LIES LIES LIES LIES LIES LIES LIES LIES LIES LIES LIES LIES
LIES LIES LIES LIES LIES LIES LIES LIES LIES LIES LIES LIES LIES LIES
LIES LIES LIES LIES LIES LIES LIES LIES LIES LIES LIES LIES LIES LIES
LIES LIES LIES LIES LIES LIES LIES LIES LIES LIES LIES LIES LIES LIES
LIES LIES LIES LIES LIES LIES LIES LIES LIES LIES LIES LIES LIES LIES
LIES LIES LIES LIES LIES LIES LIES LIES LIES LIES LIES LIES LIES LIES
LIES LIES LIES LIES LIES LIES LIES LIES LIES LIES LIES LIES LIES LIES
LIES LIES LIES LIES LIES LIES LIES LIES LIES LIES LIES LIES LIES LIES
LIES LIES LIES LIES LIES LIES LIES LIES LIES LIES LIES LIES LIES LIES
LIES LIES LIES LIES LIES LIES LIES LIES LIES LIES LIES LIES LIES LIES
LIES LIES LIES LIES LIES LIES LIES LIES LIES LIES LIES LIES LIES LIES
LIES LIES LIES LIES LIES LIES LIES LIES LIES LIES LIES LIES LIES LIES
LIES LIES LIES LIES LIES LIES LIES LIES LIES LIES LIES LIES LIES LIES
LIES LIES LIES LIES LIES LIES LIES LIES LIES LIES LIES LIES LIES LIES
LIES LIES LIES LIES LIES LIES LIES LIES LIES LIES LIES LIES LIES LIES
LIES LIES LIES LIES LIES LIES LIES LIES LIES LIES LIES LIES LIES LIES
LIES LIES LIES LIES LIES LIES LIES LIES LIES LIES LIES LIES LIES LIES
LIES LIES LIES LIES LIES LIES LIES LIES LIES LIES LIES LIES LIES LIES
LIES LIES LIES LIES LIES LIES LIES LIES LIES LIES LIES LIES LIES LIES
LIES LIES LIES LIES LIES LIES LIES LIES LIES LIES LIES LIES LIES LIES
LIES LIES LIES LIES LIES LIES LIES LIES LIES LIES LIES LIES LIES LIES
LIES LIES LIES LIES LIES LIES LIES LIES LIES LIES LIES LIES LIES LIES
LIES LIES LIES LIES LIES LIES LIES LIES LIES LIES LIES LIES LIES LIES

LIES LIES LIES LIES LIES LIES LIES LIES LIES LIES LIES LIES LIES LIES
LIES LIES LIES LIES LIES LIES LIES LIES LIES LIES LIES LIES LIES LIES
LIES LIES LIES LIES LIES LIES LIES LIES LIES LIES LIES LIES LIES LIES
LIES LIES LIES LIES LIES LIES LIES LIES LIES LIES LIES LIES LIES LIES
LIES LIES LIES LIES LIES LIES LIES LIES LIES LIES LIES LIES LIES LIES
LIES LIES LIES LIES LIES LIES LIES LIES LIES LIES LIES LIES LIES LIES
LIES LIES LIES LIES LIES LIES LIES LIES LIES LIES LIES LIES LIES LIES
LIES LIES LIES LIES LIES LIES LIES LIES LIES LIES LIES LIES LIES LIES
LIES LIES LIES LIES LIES LIES LIES LIES LIES LIES LIES LIES LIES LIES
LIES LIES LIES LIES LIES LIES LIES LIES LIES LIES LIES LIES LIES LIES
LIES LIES LIES LIES LIES LIES LIES LIES LIES LIES LIES LIES LIES LIES
LIES LIES LIES LIES LIES LIES LIES LIES LIES LIES LIES LIES LIES LIES
LIES LIES LIES LIES LIES LIES LIES LIES LIES LIES LIES LIES LIES LIES
LIES LIES LIES LIES LIES LIES LIES LIES LIES LIES LIES LIES LIES LIES
LIES LIES LIES LIES LIES LIES LIES LIES LIES LIES LIES LIES LIES LIES
LIES LIES LIES LIES LIES LIES LIES LIES LIES LIES LIES LIES LIES LIES
LIES LIES LIES LIES LIES LIES LIES LIES LIES LIES LIES LIES LIES LIES
LIES LIES LIES LIES LIES LIES LIES LIES LIES LIES LIES LIES LIES LIES
LIES LIES LIES LIES LIES LIES LIES LIES LIES LIES LIES LIES LIES LIES
LIES LIES LIES LIES LIES LIES LIES LIES LIES LIES LIES LIES LIES LIES
LIES LIES LIES LIES LIES LIES LIES LIES LIES LIES LIES LIES LIES LIES
LIES LIES LIES LIES LIES LIES LIES LIES LIES LIES LIES LIES LIES LIES
LIES LIES LIES LIES LIES LIES LIES LIES LIES LIES LIES LIES LIES LIES
LIES LIES LIES LIES LIES LIES LIES LIES LIES LIES LIES LIES LIES LIES
LIES LIES LIES LIES LIES LIES LIES LIES LIES LIES LIES LIES LIES LIES
LIES LIES LIES LIES LIES LIES LIES LIES LIES LIES LIES LIES LIES LIES
LIES LIES LIES LIES LIES LIES LIES LIES LIES LIES LIES LIES LIES LIES
LIES LIES LIES LIES LIES LIES LIES LIES LIES LIES LIES LIES LIES LIES
LIES LIES LIES LIES LIES LIES LIES LIES LIES LIES LIES LIES LIES LIES
LIES LIES LIES LIES LIES LIES LIES LIES LIES LIES LIES LIES LIES LIES
LIES LIES LIES LIES LIES LIES LIES LIES LIES LIES LIES LIES LIES LIES
LIES LIES LIES LIES LIES LIES LIES... that's 20,000 and counting...

www.ingramcontent.com/pod-product-compliance
Lightning Source LLC
Chambersburg PA
CBHW041529090426

42738CB00035B/12